中学生学习素养读本·趣说哲学系列

# 诗词中的哲学

品析诗词，领悟哲理
创造浪漫诗意人生

胡兴松 编著

海天出版社

·深圳·

**图书在版编目(CIP)数据**

诗词中的哲学 / 胡兴松编著. —深圳：海天出版社，2015.9（2018.11重印）

（中学生学习素养读本. 趣说哲学系列）

ISBN 978-7-5507-1244-7

Ⅰ.①诗… Ⅱ.①胡… Ⅲ.①哲学－青少年读物 Ⅳ.①B-49

中国版本图书馆CIP数据核字(2014)第292883号

# 诗词中的哲学

SHICI ZHONG DE ZHEXUE

| | |
|---|---|
| 出 品 人 | 聂雄前 |
| 责任编辑 | 刘翠文 |
| 责任技编 | 梁立新 |
| 封面设计 | 龙墨文化囊 0755-83461000 |

出版发行　海天出版社

地　　址　深圳市彩田南路海天综合大厦　（518033）

网　　址　www.htph.com.cn

订购电话　0755-83460202(批发)　0755-83460293(邮购)

设计制作　深圳市龙墨文化传播有限公司 (0755-83461000)

印　　刷　深圳市希望印务有限公司

开　　本　787mm×1092mm　1/16

印　　张　12.5

字　　数　150千

版　　次　2015年9月第1版

印　　次　2018年11月第4次

定　　价　25.00元

# 序

　　2014年，深圳市教育局秉承"儿童优先"和"一切为了学生健康成长"的核心理念，发布了《关于进一步提升中小学生综合素养的指导意见》，旨在培养和提升中小学生的品德、身心、学习、创新、国际、审美、信息和生活等八大素养。胡兴松先生的这套"中学生学习素养读本·趣说哲学系列"丛书在此背景下应运而生，确实令人欣喜。该套丛书既是胡先生勤奋笔耕的见证，又是其教育生命的延伸，必将在进一步提升中小学生综合素养的行动中产生积极的推动作用。

　　朱永新教授曾说："一个人的精神发育史，就是一个人的阅读史；一个民族的精神境界在很大程度上取决于这个民族的阅读水平。"我历来主张每一个人都要用心阅读，特别是青少年学生更应把握好吸吮知识的黄金时期。现代中学生应好读书、多读书、读好书。

胡兴松先生的这套丛书，由《成语中的哲学》《诗词中的哲学》和《故事中的哲学》构成，既有高度与深度，又有厚度与温度，犹如一席精美盛宴，令读者大快朵颐。

——有高度。联合国教科文组织的国际21世纪教育委员会在《教育——财富蕴藏其中》的报告中明确提出，21世纪，教育的四个支柱是：引导学生学会求知、学会做事、学会共处、学会生存。"学会求知"离不开学习素养。所谓学习素养，就是要以学为核心，端正学习态度，培养学习兴趣，提升学习能力，掌握科学的学习方法，养成良好的学习习惯。学习素养，是学生综合素养不可或缺的重要组成部分。而学习素养培养与提升的有效路径就是阅读、阅读、再阅读。阅读，可以拓展视野，陶冶情操，涵养品性，健全人格。"腹有诗书气自华。"生命，因阅读而精彩；生命，因阅读而美好。同时，学生的学习素养，不等于知识，但必须以科学文化知识为基础，而哲学知识则是科学文化知识体系的核心与灵魂，是每一个人须臾不可或缺的。本丛书既瞄准"学习素养"，有高度，又紧扣"哲学"，有灵魂，对培养和提升中学生的学习素养乃至人文素养，实现人的全面而自由的发展，各成乃器，应当是大有裨益的。

——有深度。古人言："云在意中妙。"一部书的意蕴、深度自然是其创意与思想。创意，无非是指对现实存在事物的理解以及认知所衍生出的一种新的思维和行为潜能。一个好的创意，不是人云亦云、趋人项背，而是打破常规、另辟蹊径，是别出心裁、独具匠心。思想的深度，也许是分析问题的客观、辩证，或实事求是、高屋建瓴，或一语中的、切中时弊，以引导人们透过现象看本质。正如本书作者所言："人类最可怕的不是胡思乱想，而是根本不去思想。思想麻木，比胡思乱想更可怕。"让我们做一个有创意、有思想的人！本套丛书从宏观体例上而言，将文学与哲学"嫁接"或"联姻"，是一种大胆的创新；从微观内容上来看，在对成语、诗词和故事的阐释中处处都闪烁着新颖而深邃的思想观点。例如，一反成语"杞人忧天"的千古之诮而褒扬其生态文明意识，对成语"人定胜天"的具体分析，对苏轼《题西林壁》的多维解读，都显露出作者独特的发现与见解，给人一种新风扑面的感觉。

——有厚度。起源于黄河、长江流域的中华文明虽历经沧桑，却犹如浩浩荡荡的黄河、长江奔流不息，始终显示出顽强的生命力和无穷的魅力。中华文化源远流长、博大精深，为中华民族生生不息、发展壮大提供了丰厚滋养。而众多脍炙人口的成语、富有哲理的诗词以及妇孺皆知的寓言故事，正是中华民族文化的基因与血脉，是中华民族共有的精神财富。清代学者章学诚曾说："灭人国者，必先亡其史。"如果有史而弃史，有史而不知史，则为莫大的悲哀。如果抛弃传统文化而"去中国化"，就会动摇我们的文化根基，割断我们的精神命脉，从而失去民族文化的自信，消解我们的精气神。本套丛书正是致力于把中华民族文化的经典嵌在学生脑子里，且不是一味地理论灌输，或抽象空洞地政治说教，而是既"入乎其内"，具有深厚的文化内涵和底蕴，又"出乎其外"，具有生动活泼、通俗易懂的言说形式，让青少年学生在成语、诗词和故事的百花园中感受中华民族的优秀传统文化，耳濡目染，情牵意动，净化灵魂，浸润涵养，为其一生的发展涂抹好底色。

——有温度。人们初入哲学殿堂，常会产生哲学语言晦涩难懂、哲学理论枯燥乏味的感觉。其实，在现实生活中，我们不能"跟着感觉走"，因为人的感觉往往是不可靠的。哲学绝不是学究式的教条，哲学始终都是鲜活的。就哲学的表达形式而言，在哲学史上，虽然出现过像古希腊的赫拉克利特这样的哲学家，因怕被民众轻视而故意将哲学著作写得晦涩难懂，但哲学书籍一般都是形象生动、有血有肉的。哲学的晦涩难懂和枯燥乏味，往往产生于呆板、僵化的表述。而本丛书将成语、诗词、故事这些富有文学色彩的内容与哲学"嫁接"或"联姻"，以"趣说"的形式来阐发深奥的哲学道理，剥除了遮蔽在哲学上的神秘面纱，变抽象为具体，化深奥为浅显，颇具可读性，可令读者静静地在温馨、浪漫的字里行间体会那诗情画意、奥妙无穷的哲学智慧，从而孕生"爱智"的情愫，增强"爱智"的兴趣，获得富有哲理的启迪，并达到"乐学"的至高境界。

古希腊著名哲学家柏拉图曾提出，教育就是要为国家培养"哲学王"。当下，我们不奢望培养出千千万万的"哲学王"，然而，一个人不能没有哲学头脑，一个民族不能没有哲学思想。在"经济繁荣"的条件下出现"哲学贫困"，绝对是民族与国家的悲哀。为此，我们必须变革"贫困的哲学"，使哲学兼容并蓄、与时俱进，使哲学走出书斋、走近大众，使哲学通俗易懂、深入人心。我有理由相信本套丛书会引领你开启通向哲学殿堂的大门，迈入神奇、梦幻的哲学世界。

朱光潜先生在《谈美》一书中曾说："朋友，在告别之前，我采用阿尔卑斯山路上的标语，在中国人告别习用语之下加上三个字奉赠：'慢慢走，欣赏啊！'"让我们谨记这一箴言，翻开这套丛书，慢慢阅读，欣赏啊！

叶文梓（深圳市教育科学研究院院长）

2014年12月18日于深圳

# 写在前面的话

中国是一个洋溢着诗韵的国度。从上古的"杭育"之声到当代的"面朝大海，春暖花开"，诗词始终是中国文学发展史上一道亮丽的风景。当我们漫步于中国诗词的苑圃，映入眼帘的是一簇簇奇葩异卉，那些蕴含或阐发哲学道理的哲理诗词更是赏心悦目。

自古以来，诗词与哲学就具有不可分离的血缘关系。诗词是反映客观存在和抒发人类情感的艺术。哲学是关于世界观的学说，是对自然、社会和思维知识的概括和总结，是指导人们生活得更好的艺术。诗词与哲学都是对客观存在作出反映，因此，以抒情方式来反映客观存在的诗词和以言理方式来反映客观存在的哲学联姻，催生出了别具风采的哲理诗词。

从一定意义上而言，诗词是形象的哲学，哲学是含蓄的诗词。哲理诗词之精妙，就在于荡元气于笔端，示真谛于象外，以寥寥数言而统天地万物之理。哲理诗词，以诗言志，或阐发真理，或警策人世，或议论人生，能够启迪心智、使人觉悟。哲理诗词，既具有艺术性，又富于哲理性。它首先要有诗趣、诗味。然而，诗词只是形式，哲理则是内容。哲理诗词，美在智慧，美在思想。从系统化、理论化的哲理表达而言，哲理诗词比不上哲学；但从诗意的形象表达和语言的丰富多彩来看，哲理诗词远胜哲学。因此，哲理诗词总是格外受到人们的青睐。

本书以"诗词中的哲学"命名，以富有深邃哲理的诗词为题，借题发挥，用"趣说"的形式来诠释深奥的马克思主义哲学道理，引领你走进马克思主义哲学殿堂，并学会运用马克思主义哲学原理来分析和解决现实生活中的实际问题。

在浩如烟海的中华民族文化宝库中，诗词可谓琳琅满目、多姿多彩。本书所选诗词可谓九牛一毛、沧海一粟，且对每一首诗词的哲理分析，因其特定的读者对象和目的，难免挂一漏万、浅尝辄止。在这条新路上，我虽步履蹒跚，但毕竟迈出了第一步，且已尽心竭力。愿本书能为哲学的通俗化、大众化鼓风扬波，哪怕是激起些许涟漪。我热切期盼读者的冷评热议，切磋指正。

哲学不是少数人的专利，青少年是最富有诗意的。愿你诗意地生活，成为热爱智慧、追求智慧、拥有智慧的人！

胡兴松

2014年8月10日定稿于深圳

# 哲学概论

生活需要哲学智慧，生活中处处有哲学。哲学智慧产生于人类的实践活动，源于人们对实践的追问和对世界的思考。哲学是指导人们生活得更好的艺术，是美好生活的向导。

真正的哲学都是自己时代的精神上的精华，是社会变革的先导。马克思主义哲学的产生是哲学史上的伟大变革。我们应了解马克思主义哲学的特征和马克思主义哲学在中国的发展，坚持当代中国的马克思主义。

让我们走进哲学的殿堂，自觉地追求智慧，创造美好的生活，书写绚丽的人生。

西安大唐芙蓉园有一处胜景："诗魂"。徜徉其间，就像进入了一个诗的王国，吟咏着一首首脍炙人口的名篇佳作，真是令人流连忘返。诗魂是什么呢？我想，蕴含其中的哲理也许可以谓之"诗魂"吧！

真正的哲学，永远都是一切智慧和伟大思想的灵魂。

# 题西林壁

宋·苏轼

横看成岭侧成峰，远近高低各不同。

不识庐山真面目，只缘身在此山中。

苏轼（1037—1101），字子瞻，又字和仲，号"东坡居士"，谥号文忠，眉州眉山（今四川眉山）人，北宋著名文学家，"唐宋八大家"之一，诗人。苏轼学识渊博，多才多艺，在书法、绘画、诗词、散文等方面都有很高造诣，对后世影响深远。其诗词挥洒自如，明快豪放，善以新鲜的比喻描写山水景物，善于从常见的事物中揭示深刻的哲理。

宋元丰七年（1084）春末夏初，苏轼由黄州贬赴汝州任团练副使时经过九江，游览庐山，瑰丽的山水触发逸兴壮思，于是挥毫写下十余首赞美庐山的诗。《题西林壁》是游遍全山后的总结性题咏，因此诗题写在庐山北麓西林寺的墙壁上，故称《题西林壁》。

"横看成岭侧成峰，远近高低各不同"，写游山所见。庐山是座丘壑纵横、峰峦起伏的大山。横看，崇山峻岭，郁郁葱葱，绵延逶迤；侧看，峰峦起伏，奇峰突起，耸入云端。从远和近、高和低等不同的方位看庐山，所见的山色和气势各不相同。这两句概括而形象地描述了移步换形、千姿百态的庐山风景。

"不识庐山真面目，只缘身在此山中"，是即景说理。为什么不能辨认庐山的真实面目呢？只因为身在庐山之中，视野为庐山的峰峦所局限，看到的只是庐山的一岭一峰、一丘一壑。视角的局限性难免会导致认识的片面性。只有置身于庐山之外，跳出庐山的遮蔽，才能全面把握庐山的真正仪态。

这是一首诗中有画的写景诗，是一首诗中寓理的哲理诗。高妙之处不在写景，也不在抒情，而在于富有哲理，耐人寻味。

物质决定意识，意识是客观物质对象在人脑中的反映。它要求我们必须努力做到主观与客观相符合。庐山的自然形态是客观存在的，决不会因我们观察视角的不同而发生变化。但是，由于庐山的千姿百态、绚丽多彩，人们观察庐山的角度不同，确实会看到不同的山峦景观，产生不同的视角映象。在现实生活中，人们观察问题的立足点和出发点不同，对客观事物的反映就会不同，甚至完全对立。因此，我们要正确反映客观事物，使自己的主观与客观相符合，就必须正确把握观察和分析问题的立足点和出发点。

事物的整体与部分是辩证统一的，二者既相互区别，又相互联系。这要求我们要从整体上把握事物的联系。整体离不开部分，没有庐山的一岭一峰、一丘一壑，就没有庐山的整体美；而庐山的一岭一峰、一丘一壑，离开了庐山这一整体也就失去了原来的意义。人们之所以不能确切、完整地把握庐山的真实面貌，是人处在此山之中，眼界受到局限的缘故。只有横看、侧看，远看、近看，高看、低看，识得庐山各个局部的真相，然后跳出视域的局限，高瞻远瞩，整体把握，才能识得"庐山真面目"。否则，就会只见局部、不见全局，只见树木、不见森林。这就是"不识庐山真面目，只缘身在此山中"的根本原因。

整体与部分的关系，在一定意义上就是系统和要素的关系。掌握系统优化的方法，就要求我们着眼于事物的整体性，用综合的思维方式来认识事物。横看与侧看、远看与近看、高看与低看，我们所见的庐山只是局部，只有将在游览庐山的过程中所产生的局部表象在意识中综合凝聚，由表及里，运用科学的思维方法对感性材料进行加工，将具体上升为抽象，将感性上升为理性，才能识得"庐山真面目"。

实践是认识的基础，实践出真知。这要求我们必须深入实践，在实践中占有十分丰富和合乎实际的感性材料。人们对事物的认识只有在实践中、在主体和客观的相互作用中才能完成。如果苏轼未曾尽游庐山，对庐山横岭侧峰、远近高低的变化未了然于胸，就不可能识得"庐山真面目"。这就是"不识庐山真面目，只缘身在此山中"的道理。人的认识都是对客观存在的反映，人们能够能动地认识世界。苏轼正是发挥了意识的主动性和创造性，才有这首脍炙人口、流芳百世的佳作。

此诗以看山为题，借景说理，道出了主观与客观、整体与部分、系统与要素、分析与综合、具体与抽象、感性与理性、实践与认识等哲学道理。一首小诗如此巧妙别致，深入浅出，充满智慧，富有哲理，确实令人叹服。这从一个侧面说明：哲学源于生活，哲学就在我们的生活之中，哲学的智慧产生于人类的实践活动之中。然而，哲学又高于生活，是人们对实践的追问和对世界的思考。"不识哲学真面目，只缘身在哲学中。"哲学并不是高不可攀的，以平常心面对生活，追问实践，思考世界，你就行进在哲学的道路上。

# 登飞来峰

宋·王安石

飞来峰上千寻塔，闻说鸡鸣见日升。
不畏浮云遮望眼，自缘身在最高层。

王安石（1021—1086），字介甫，晚号半山，亦称王荆公、王文公，政治家、思想家和文学家，在北宋文坛上具有杰出的地位。他的诗善于翻新出奇，无论是思想内容或是艺术手法都有很高的造诣。

飞来峰位于浙江杭州灵隐寺前，山上有塔高二十三丈，站在山上可观海上日出。皇祐二年（1050）夏，王安石在浙江鄞（yín）县（今浙江宁波）知县任满回江西临川故里时，途经杭州，登上飞来峰，顿觉视野开阔，胸襟宽广，豪情万丈，故写下此诗。此时，他初涉宦海，年少气盛，抱负不凡，正好借登飞来峰抒发胸臆，寄托壮怀。

"飞来峰上千寻塔"，写峰之奇及塔之高。这峰相传是飞来的。古以八尺为一寻，"千寻塔"是言塔之高。起句写飞来峰的地势，写登临之高险，为后句埋下了伏笔。

"闻说鸡鸣见日升"，其意为：登上飞来峰高高的塔顶，听说每天黎明鸡叫时，在这儿可以看见太阳升起。承句七字，不仅目极万里，而且声闻遐迩，颇具气势。

"不畏浮云遮望眼"，是转句，直抒胸臆，表明不怕奸佞之臣阻挡前进之路。"不畏"二字是全诗的"诗眼"，气势夺人，表示一种坚定、执着的追求精神。"浮云"暗喻奸佞之臣。"浮云遮望眼"运用了典故。汉朝陆贾《新语·慎微篇》："故邪臣之蔽贤，犹浮云之障日也。"其意为：奸佞之臣用谗言蒙蔽了皇帝，就像浮云遮蔽了太阳。唐朝李白有"总为浮云能蔽日，长安不见使人愁"，意思也是说：自己离开长安，是由于皇帝听信了小人的谗言。

"自缘身在最高层"，拔高了诗的意境，具有高瞻远瞩的气概。王安石在活用典故的基础上，表示不怕浮云遮住远望的视线，是因为自己站在塔顶的最高层，站得高，看得远。这是他富有哲理意味的政治情感和豪迈气魄的倾泻和抒发。后来，王安石位居宰相时，任凭旧党极力反对，始终坚持贯彻执行新法（史称"王安石变法"），正是这种政治情感和豪迈气魄的体现。

这首登高游览的小诗意蕴丰富，蕴含着深邃的哲学道理。它体现了人类认识发展过程的辩证法，体现了人类对真理的追求，体现了事物发展的前进性和曲折性，体现了理想信念对人生的重要导向作用，给我们以深刻的人生启示。

人类的认识是一个无限发展的过程，追求真理也是一个永无止境的过程。人类的认识会受到各种条件的限制，具有反复性。从认识的客体来看，客观事物是复杂的、变化着的，事物的本质有时还会以假象来呈现，其本质的暴露和展现需要一个过程。从认识的主体来看，人们对客观事物的认识总要受到具体的实践水平的限制，还会受到不同的立场、观点、方法、知识水平、思维能力、生理素质等条件的限制。因此，要使自己"不畏浮云遮望眼"，既能识别客观事物的假象，真实而正确地反映事物的本质和规律，掌握真理，又能培养自己高瞻远瞩的胸怀和坚毅无畏的勇气，就必须加强学习与修养，逐步确立科学的世界观、人生观和价值观，使自己始终"身在最高层"。而马克思主义哲学是唯一科学的世界观和方法论，能为我们观察和分析问题提供科学的根本观点和根本方法。因此，我们应努力学习马克思主义哲学，提高我们辨别是非的能力，使自己不为"浮云遮望眼"。

事物的发展是前进性和曲折性的辩证统一。一方面，事物发展的前途是光明的。在北宋，王安石作为封建统治阶级内部具有进步思想的知识分子，强调"权时之变"，反对因循保守，怀着要求变革现实的雄心壮志，希望能施展其治国平天下的才能。所以，登临山峰塔顶，自然联想到了鸡鸣日出时光明灿烂的奇景，并通过对这种景观的憧憬来表达对自己光明前途的期盼。另一方面，事物发展的道路是曲折的。在这首诗中，"浮云"比喻眼前的困难、障碍、挫折等。人类的认识乃至世界上一切事物的发展都不是一帆风顺的。但王安石不畏"浮云"，只因身处极顶高处，胸怀大志，襟怀坦荡，光明磊落。这给我们的启示是：只有立足高远，胸怀大志，坚定信念，才能够消除种种迷雾，排除前进道路上的重重障碍、困难和挫折，认清事物的本来面目，向理想的目标迈进。

《登飞来峰》所抒发的绝不只是个人的悲喜，也不仅仅是一般登高望远的情怀，而是揭示了实现理想抱负、坚持追求真理的信念、决心和勇气，以及对困难、挫折的蔑视。那种在感性意象描述中所反映的坦荡胸怀、广阔视野、恢宏气魄以及高远境界，都是其他同类古诗难以比拟的。所以，《登飞来峰》成为古代哲理诗中的上乘之作。

# 论　诗（其二）

清·赵翼

李杜诗篇万口传，至今已觉不新鲜。
江山代有才人出，各领风骚数百年。

　　赵翼（1727—1814），清代诗人、史学家，字云崧，一字耘崧，号瓯北，阳湖（今江苏常州）人。乾隆二十六年（1761）进士，授翰林院编修。曾任镇安、广州知府，官至贵西兵备道。后辞官归乡，主讲扬州安定书院，专心著述。诗与袁枚、蒋士铨齐名，合称"乾隆三大家"。赵翼论诗重"性灵"，主创新，反对明代前后的复古倾向。他的诗清晰明畅，对仗工整。著有《瓯北诗话》。这首诗是其组诗《论诗》中的第二首。

　　清代由于大兴文字狱，读书人不敢褒贬时政，便纷纷研究古文化，故作复古诗盛行。针对此种现状，赵翼发表了自己的观点：诗歌应随着时代不断发展，诗人在创作上应求变创新，而不能跟在古人后面亦步亦趋。如果一味抱残守缺，厚古薄今，那么，诗歌创作只能走向僵化与死亡。此诗体现了他的这一观点。

　　"李杜诗篇万口传，至今已觉不新鲜。"起笔即评价历史上最有影响的诗人，导出了作者对艺术史、艺术价值之所在的辩证见解。李白、杜甫是唐代乃至整个中华民族历史上最杰出的诗人，前者称"诗仙",后者称"诗圣",他们的诗篇历代传诵,万古流传。然而,赵翼却有自己的看法:"李杜诗篇万口传,至今已觉不新鲜。"李白和杜甫的诗篇历经成千上万的人传诵,无人能与之相比,然而,就是如此伟大的诗篇,现在读起来已经觉得没有什么新意了。"李杜诗篇"表现了诗人所处的那个时代的新鲜内容,对以后的任何一个时代来说,都是"过去式",因而不可能永远"新鲜"。我们如果一味尊崇古人,顶礼膜拜,那就只能落入迷信的窠臼之中而不能自拔。作者运用历史唯物主义观点,既肯定了李白、杜甫在中国古代诗坛上的崇高地位,又明确指出了李杜诗歌及其影响的历史局限性。"至今已觉不新鲜"一句,可谓一鸣惊人,语惊四座。诗人并非故作惊人之笔,更非有意唐突前贤,否定李杜的巨大成就与影响,而是借此强调诗歌创作要有时代性,要与时俱进。

"江山代有才人出,各领风骚数百年。"诗人就前面的论断加以生发,进一步阐发自己对诗歌创作的独到见解。江山:山河大地,世上。代:时代。才人:才华横溢的诗人。领:引领。风骚:风指《诗经》中的《国风》,骚指屈原《楚辞》中的《离骚》。这里的"风骚"是指诗歌在诗坛的地位及其影响。每个时代都会有才华横溢的诗人出现,他们的诗篇以及影响在各自所引领的诗坛也不过几百年而已。这是因为历史在前进,社会在发展,时代在变化,诗歌也将随之而变。只有那些适应时代,用自己的思想与风格吟唱出来的诗篇,方可成为引领诗坛的经典之作。在复古风气相当盛行的清代,诗人提出的这种论调,看似惊世骇俗,实际上只是就事而论。

这首七言绝句,语言直白,寓意深刻。诗歌创作要有时代精神和个性特色,不能泥古不化。哲学与诗歌一样,也是时代精神的总结和升华,需要反映时代的"新鲜"内容。哲学属于思想文化的范畴,文化是经济和政治的反映。一定形态的经济和政治决定一定形态的文化，一定形态的文化又反作用于一定形态的经济和政治。任何哲学都是一定社会和时代的精神生活的构成部分，是一定社会和时代的经济和政治在精神上的反映。真正的哲学是时代精神的精华，在不同程度上反映了时代的任务和要求，把握了时代的脉搏，总结和概括了时代的实践经验和认识成果。

事物总是变化发展的，时代也总是不断变化发展的。这是不以人的主观意志为转移的。人们的思想、意识、理论，要正确反映现实世界，紧跟时代的步伐，就必须在继承前人优秀成果的基础上，不断突破前人的思想理论，永无止境地创新、创新、再创新。

"江山代有才人出，各领风骚数百年。"我们对马克思主义哲学也应该坚持继承与创新的辩证统一。我们既要始终坚持马克思主义理论，又要与时俱进，开拓创新，发展马克思主义。马克思主义哲学的产生是人类认识发展到一定阶段的必然结果，是人类思想智慧的结晶。马克思主义是发展的理论，它随着社会实践的发展而发展。马克思主义在中国传播和发展的过程，就是马克思主义中国化的过程。在这一过程中，毛泽东思想、中国特色社会主义理论体系，就是马克思主义中国化的重大理论成果。

# 戏呈孔毅父

宋·黄庭坚

管城子无食肉相，孔方兄有绝交书。

文章功用不经世，何异丝窠缀露珠。

校书著作频诏除，犹能上车问何如。

忽忆僧床同野饭，梦随秋雁到东湖。


黄庭坚（1045—1105），字鲁直，号山谷道人，又号涪（fú）翁，分宁（今江西修水）人。宋英宗治平四年（1067）进士，任叶县尉、国子监教授，知太和县。元祐初，任校书郎、《神宗实录》检讨官、著作佐郎。绍圣二年（1095），贬涪州别驾、黔州安置。徽宗以后，复谪宜州，卒于贬所。著有《山谷词》。

这首诗是黄庭坚写给孔平仲的。孔平仲，字毅父，新喻（今属江西）人，作者的朋友，也喜爱写诗。此诗写于宋哲宗元祐二年（1087）。当时，黄庭坚任著作佐郎，生活清苦，与平仲关系亲密，因而写了这首带有游戏意味的诗呈送平仲。

这首诗紧扣一个"戏"字，写得诙谐而有韵味，既是自我解嘲，又有对现实的批评，可谓亦庄亦谐。虽为作者的戏笔，却寓含严肃的主题；虽为抒愤之作，却包含耐人寻味的哲理。

起句"雄整"，以戏谑的口气，说自己既无官又无钱，读后令人捧腹。管城子：毛笔的戏称。韩愈曾写《毛颖传》，把毛笔拟人化，其中有"秦皇帝使蒙恬赐之汤沐，而封诸管城，号管城子"的记述。食肉相：荣华富贵之相。《后汉书·班超传》载，有相人说班超是"燕颔虎颈，飞而食肉，此万里侯相也"。"管城子无食肉相"，是说笔无做官之相。孔方兄：钱的别称，旧时铜钱中有方孔，所以称钱为"孔方兄"。语出鲁褒《钱神论》："亲爱如兄，号曰孔方。"绝交书：嵇康曾因山涛背弃前盟追求荣华富贵，而写有《与山巨源绝交书》，语出于此。"孔方兄有绝交书"，是说钱与我绝了交。在这无官无钱的情形下，诗人仍不改济世立业的雄心壮志，确实令人敬佩。

次联"跌宕"，笔锋一转，论及文章的功能应是经世致用，否则毫无价值。"文章"一词在古代使用得相当活。它最早指文采，后指文字、文辞，广泛用来指成篇的著作，其内涵与外延都有很大的伸缩性。此处的"文章"，可以当作文学来理解。经世：治理世事，有益治道。丝窠：指蜘蛛网之类的虫丝。"文章功用不经世，何异丝窠缀露珠"，是说文学应当具有经邦济世之用，即有利于国家和社会，否则，与美丽的露珠点缀在蜘蛛网上毫无用处没有两样。

三联"入妙"，借用谚语，妙说自己仕途的不堪际遇。校书：校书郎，在秘书省掌管校勘书籍。著作：著作佐郎，在秘书省掌管国史编纂。黄庭坚于元丰八年（1085）还京任秘书省校书郎，元祐二年（1087）改任著作佐郎，故两句是实写。但实中有虚，也暗用典故。据颜之推《颜氏家训·勉学》记载，梁朝时，一班贵家子弟全无才学，依靠门第，就能当上秘书郎、著作郎之类的官。当时有谚语讽刺说："上车不落则著作，体中何如即秘书。"诗人用此典，表面是自嘲无真才实学，实则是对自己不受重用而无所作为的生活表示不满。

末联"远韵",以深沉的忆念和梦境,写出思归的本意。僧床:僧人之床,指僧人生活。黄庭坚早年曾是祖心禅师的弟子,并同惟清等禅师交往。东湖:豫章郡(今江西南昌)的东湖,在黄庭坚的家乡。末联的字里行间表达出一种不得志的情怀。

全诗八句写了四层意思,且四层意思之间跳跃很大,似乎比较散乱,但仔细寻绎,是形散而神聚,脉络直贯而下:从己之贫贱,到文章的无用,再到自己仕途的不堪际遇,最后转入到要归隐的念头。这种随手拈来的看似联系不大的材料,在诗人手里却显得极为严密精妙、理所当然。这首诗写不得志的苦闷,却采用了自我嘲戏的笔调,感情上显得比较超脱,而诗意更为深曲。在文字技巧上,这首诗的最大特点是善用典故,既用得自然贴切,又能通过生动的联想,将不同的故事材料串联组合起来,形成新的意象,具有出奇制胜的效果。

"文章功用不经世,何异丝窠缀露珠。"任何知识都应务实,哲学也应当经世致用。哲学属于思想文化的范畴,是一定社会和时代的经济和政治在精神上的反映。"任何哲学只不过是在思想上反映出来的时代内容",任何反映自己时代的客观要求和历史趋势的哲学,都可以成为这一时代的社会变革的先导,推动时代的车轮,指导社会变革。如果哲学不能成为变革社会的先导,无异于"丝窠缀露珠"。

哲学烤不出面包,是无用之学。同时,哲学能给人以智慧,是指导人们生活得更好的艺术,是有用之学。哲学,如果只是囿于哲学家的书斋而"不经世",就不会保持长久、鲜活的生命力。

# 望 岳

唐·杜甫

岱宗夫如何？齐鲁青未了。

造化钟神秀，阴阳割昏晓。

荡胸生层云，决眦入归鸟。

会当凌绝顶，一览众山小。

杜甫（712—770），字子美，自号少陵野老，盛唐大诗人，被后世尊为"诗圣"。原籍湖北襄阳（今属湖北襄樊市），生于河南巩县（今河南巩义）。唐肃宗时，官左拾遗。后入蜀，任剑南节度府参谋，加检校工部员外郎，故又称他为杜拾遗、杜工部。他一生写有1400多首诗，内容囊括了唐朝的变化发展，故被誉为"诗史"，杜甫也被公认为伟大的现实主义诗人，可谓集前代之大成，开后世之先路。

唐玄宗开元二十四年（736），25岁的杜甫赴长安参加进士考试而落第，但他没有因考试失利而气馁，而是开始漫游齐赵（今河南、河北、山东等地）大地。他游历到山东，面对泰山的壮丽景色，内心激动不已，故而写下这首《望岳》。在诗中，作者以饱满的热情形象地描绘了泰山高大雄伟的气势和神奇秀丽的景色，抒发了豪情壮志和远大抱负，表现了一种勇于进取、积极向上的人生态度。这首诗的题目是《望岳》，全篇没有一个"望"

字，但句句写向岳而望，写望中之景，抒望中之情。

首联是写远望之色。诗人乍见泰山，高兴得不知怎样形容心中的那种兴奋、惊叹和仰慕之情。"岱宗夫如何"，以设问起句。岱宗：泰山。"岱"是泰山的别名，因居五岳之首，故被尊称为"岱宗"。夫如何：那（山）到底怎样呢？因为诗人还没有登上泰山，而只是在泰山脚下远望泰山，禁不住问同行的人：泰山是一座什么样的山呢？接着，诗人自问自答："齐鲁青未了。"齐鲁：周代分封的两个诸侯国，齐在泰山东北，鲁在泰山西南，后为该地域的简称。"青"字是写青翠的山色，"未了"是表现山势坐落之广大，一望无际。"齐鲁青未了"，活灵活现地刻画出泰山巍然耸立，横跨齐鲁，青翠欲滴，绵延不绝，似乎没有尽头。刘辰翁曾评价说："只五字，真雄盖一世。"

次联是写近望之势。"造化钟神秀"，大自然是如此多情，仿佛将一切灵秀之气都聚集于泰山。"造化"，指天地自然。"阴阳割昏晓"，突出泰山的高耸挺拔，高得把山南山北分成光明与昏暗的两个天地。一个"钟"字，生动有力，将大自然拟人化，写得格外有情；一个"割"字，形象贴切，化静为动，平凡之中见出奇险，显示出山高如剑锋，给参天矗立的山姿赋予了生命力。

三联是写细望之景。"荡胸生层云"，是说山中云雾层层缭绕，荡其心胸，故襟怀为之开豁。"决眦（zì）入归鸟"，睁大眼睛凝望一只只小鸟飞回山林，故眼眶快要裂开。"归鸟"是投林还巢的鸟，可知时已薄暮，诗人还在望。"云生"和"鸟飞"两处细节描写，既表现了泰山的山峰之高和山腹之深，又表达了诗人心情的激荡和眼界的开阔。正如王嗣奭所说："'荡胸'句，状襟怀之浩荡。'决眦'句，状眼界之空阔。"

末联是写极望之情。无论是远望、近望，还是细望，都不能尽望岳之情。泰山之独绝处，正在其居高临下、俯视群峰的气势。这种气势，引发了诗人登临高峰的强烈愿望。诗人以"会当凌绝顶，一览众山小"一句作结，"杜子心胸气魄，于斯可观"。会当：应当，一定要。凌：登临、登上。绝顶：最高峰。览：俯视。"一览众山小"，写诗人想象中登上绝顶后放眼四望的景象，其他的山峦在泰山面前显得十分渺小，以此衬托出泰山的高大。在此，诗人运用孔子"登泰山而小天下"（《孟子·尽心篇》）的典故，不仅进一步赞美了泰山的雄伟英姿，而且以此抒发了自己昂扬向上、积极进取、勇于攀登、俯视一切的雄心和气概，给人以启示和激励。

全诗层次清晰，意境开阔，形象鲜明，格调高昂，写景抒情，交相辉映，被后人誉为咏泰山之"绝唱"。

在哲学发展史上，马克思主义哲学恰似一座巍峨雄伟的"泰山"。马克思主义哲学的产生是人类认识发展到一定阶段的必然结果，是以往哲学和科学发展的思想结晶。马克思主义哲学第一次实现了唯物主义与辩证法的有机统一、唯物辩证的自然观与唯物辩证的历史观的有机统一。马克思主义哲学的产生，开启了无产阶级和全人类的解放事业，实现了哲学史上的伟大变革。自从有了马克思主义哲学，以无产阶级为代表的劳动群众便有了自己的精神武器，哲学的发展也进入了一个崭新的时代。在马克思主义哲学面前，以往的旧哲学和现代西方哲学都显得那么渺小。

"会当凌绝顶，一览众山小。"只有站得高，才能看得远。我们应当努力学习马克思主义哲学，登临哲学发展史上的这一雄伟高峰，掌握马克思主义哲学的基本原理，并用以指导我们的生活，创造美好的人生。

# 本原追溯

对世界本质的认识，对人与世界的关系的思考和回答，是人们在实践和认识中必须解决的首要问题，是正确地认识世界和改造世界的出发点。在人类追求智慧的过程中，出现了各种各样的哲学派别。我们要认识各种哲学派别的本质，就必须了解哲学的基本问题，掌握划分唯物主义和唯心主义的标准。

把握马克思主义的物质观，懂得世界的真正的统一性在于它的物质性，明确一切从实际出发、实事求是是马克思主义哲学的根本要求，是我们学好马克思主义哲学的基础。

亲历壶口，观赏瀑布，只见黄河水从断层石崖飞泻直下，听之如万马奔腾，视之如巨龙鼓浪，奇丽的景色让人不禁慨叹大自然的鬼斧神工。是的，大自然乃至世界上的万事万物，都是运动变化发展的，其中的客观规律是不以人的主观意志为转移的。

# 存 在

现代·绿原

头发有它的影子。
炊烟有它的重量。
一颗圆点有它的面积。
你知道，存在是可贵的。

夜将一切存在化为灰烬，
白昼又恢复着猛烈的燃烧。
你知道，倒退一步：
必然跃进得更远。

绿原（1922—2009），原名刘仁甫，又名刘半九，湖北黄陂人。现代"七月诗派"的代表诗人，文学翻译家。1942年出版第一本诗集《童话》。1948年加入中国共产党。新中国成立后，历任《长江日报》文艺组组长、中共中央宣传部国际宣传处组长、人民文学出版社编辑。他的诗以抒情见长，想象丰富，勇于探索，追求新颖的构思，语言凝练自然。

《存在》是收录在诗集《童话》中的一首小诗。这首诗蕴含着睿智的哲理性思考。

"存在"是一个哲学范畴，其含义之一是与"思维"、"意识"相对应，是物质的同义语，是指不依赖人的意识又能为人的意识所反映的客观实在。以"存在"为题作诗，极易给人枯燥乏味、空洞抽象的感觉，但诗人并没有像哲学家那样去阐释"存在"的逻辑特性，而是用诗的语言、诗的意象来推演"存在"，从而引出了耐人寻味的哲理——"存在是可贵的"，"倒退一步：必然跃进得更远"。

中国哲理诗言说哲理，不在于直接说理，而贵在妙用意象，不堕入理障，也就是"理由我运，则操纵如意，或虚或实，或大或小，随其识力所到，变后隐见于语言外者，皆诗之要也"。绿原深谙此道。在诗的第一小节的前三句，一口气推出了三个可见可感的具体意象：一根头发虽然细微，却有纤纤的影子；一缕炊烟虽然轻盈，却有可计的重量；一颗圆点虽然渺小，却有可视的面积。够了，用不着再烦琐举证，诗的意趣已水到渠成地显露："存在是可贵的。"也就是说，事物不因其"细微"、"轻盈"、"渺小"而失去其存在的理由和价值，恰恰相反，它们都有其存在的必然性。正是因为它们"可贵"的存在，才有世界五彩缤纷的精彩。我们所生活的世界是纷繁复杂的，从哲学上而言，它们可分为物质现象与意识现象，但世界的本原只有一个，即物质。世界是物质的世界，物质决定意识，物质是本原的，意识是派生的。世界的统一性就在于它的物质性。我们似乎可以说，"存在是可贵的"，正是运用诗的语言，形象地阐释了唯物主义"物质决定意识或存在决定思维"的道理。

存在不仅是"可贵"的，而且也是变化发展的。黑夜与白昼是存在或物质的两种具体表现形式，本是由于地球的自转而引起的自然现象，昼夜循环本来是自然规律作用的结果，是再自然、平凡不过的事情。但在诗人眼中，黑夜与白昼则成为了相互对立的两个方面，"夜将一切存在化为灰烬"，黑夜成为了魔鬼的象征，是一种摧毁的势力，代表着事物的否定方面；而"白昼又恢复着猛烈的燃烧"，白昼则是生命力的象征，代表着事物的肯定方面。黑夜与白昼代表着事物内部既对立又统一的两个方面，两者是相互排斥、相互斗争的。在描绘出一组对立的意象后，紧接着引出了一个哲理："倒退一步：必然跃进得更远。"在诗人看来，客观存在的事物，难免会像黑夜与白昼这样相互对立，此时，后退一步，偃旗息鼓，积蓄力量，必然会前进得更远。黑暗中的一切存在似乎已经消逝，但光明仍将恢复其存在。我们只有经历那漫漫黑夜的艰难跋涉，才会迎来白昼日出那惊心动魄的一跃。倒退不是软弱，而是为了更好地前进。这是因为事物的变化发展是前进性与曲折性的辩证统一，在前进中有曲折，在曲折中向前进，是一切事物变化发展的途径。在前进的道路上，我们既要对未来充满信心，又要做好充分的思想准备，不断克服前进道路上的困难，勇敢地接受挫折与考验。

　　这首诗立意深远，意象奇妙，理趣俱佳，而诗中两小节都用"你知道"这一口语，将深邃的哲理娓娓道来，让人倍感亲切。读绿原的诗，"他深邃圆融的风格，富于哲理的意象，凝练流畅的语言，都使人耳目一新"。

# 咏西河

唐·汪遵

花貌年年溺水滨，俗传河伯娶生人。
自从明宰投巫后，直至如今鬼不神。

汪遵，生卒年不详，宣州泾县人。因家贫，常借人书，昼夜苦读。唐咸通七年（866）擢（zhuó）进士。工为绝诗，有诗集《唐才子传》传世。他的诗绝大部分是怀古诗，有的是对历史上卓越人物的歌颂，有的是借历史人物的遭遇来抒发自己怀才不遇的情绪，有的是通过历史上的兴亡故事来警告当时的统治者，有的直接反映当时的现实生活。这些诗都具有一定的思想意义。

这是一首咏史的七言绝句，作者通过对西门豹治邺（yè）史事的描述，表达了对贤臣西门豹爱民如子、破除迷信的爱戴与赞颂，同时表达了作者对为官者应该正大光明、以民为重的规劝之意。

战国时期，西门豹被派到邺城（今河北省临漳县一带）当县官。初到邺城时，他看到这里人烟稀少，田地荒芜，百业萧条，就向老百姓探寻缘由。一位老大爷告诉他说，都是"河伯娶妇"给闹的。原来，当地的三老（当地掌管教化的人物）、廷掾（地方的小官吏）和巫婆们骗人说，河伯是漳河的神，年年都要娶一个漂亮的少女（生人，即活人）为妻；若不给送去，漳河就要发大水，把田地、村庄全淹了。因此，当地的三老、廷掾和巫婆每年都要挑选一位面貌如花的少女投入漳河（即水滨）中溺死。"花貌年年溺水滨，俗传河伯娶生人"就是对这一事件的描述。

西门豹仔细一打听，知道是地方上的贪官跟巫婆串通起来搞的鬼，心里非常气愤。第二年"河伯娶妇"时，西门豹来到了现场。他看见当地的三老、廷掾和装神弄鬼的巫婆全来了，就提出要亲自看看河伯的新媳妇。当他看见那个要"嫁给"河伯的不幸少女时，就对巫婆说："怎么找了这么一个丑丫头？太不像话，麻烦你去告诉河伯一声，等找到漂亮姑娘再给他送来！"说完一挥手，卫士们立即上来，把巫婆投到漳河里去了。接着，西门豹又以派人催问为借口，把巫婆的两个徒弟和三老相继扔进了河里。这样一来，那些干坏事的家伙都吓呆了，一个个跪在地上磕头，表示再也不敢为河伯娶媳妇了。尔后，西门豹带领全城老百姓挖河修坝，根除水害，漳河两岸年年丰收。西门豹成为了历史上贤明的县令（明宰），鬼神再也不灵验了。"自从明宰投巫后，直至如今鬼不神"正是对西门豹巧妙惩治贪官、巫婆过程的描述和评价。

这首歌颂西门豹破除迷信、改革弊政的诗，体现了辩证唯物主义"世界的本质是物质的"这一哲学道理。

唯物主义认为，无论是自然界，还是人类社会的存在和发展，都是不依赖人的意识的客观实在。整个世界是不依赖人的意识而客观存在的物质世界，世界的本质是物质的。显然，西门豹作为一个无神论者，其所作所为是符合唯物主义这一观点的。

随着科学的发展，唯物主义关于世界本原的观点不断地被证明是正确的，各种各样的神创说逐渐地暴露出其荒谬性。科学材料说明，所有天体都是按照自然界固有的规律而形成的，有着自己的起源与变化过程；自然科学的方法和手段已经证明宇宙间不存在"天国"，也不存在上帝和诸神创造天地的活动。因此，世界上根本就不存在鬼神。西门豹以其人之道还治其人之身，把巫婆师徒和三老等扔到河里去给河伯报信，终于惩治了害人的骗子，根除了害人的旧俗，"直至如今鬼不神"。

远古人类往往逐水而居。河流不仅带来了人类的繁荣，也会给人们带来灾难。因此，远古人敬畏它，奉其为神。人祭是古代非常普遍的一种祭祀方法。顾名思义，人祭，即以活人为牺牲品进行祭祀。人们对于漳河之神——"河伯"——的祭祀不只是限于牲畜和宝物，而且还有活人。

经济基础决定上层建筑，考察任何一个时代的文化状况，都不能离开当时社会的经济情况。同样，考察"河伯娶妇"这一古代习俗，也不应无视当时社会的经济状况。它从一个侧面说明了古人抗拒自然能力的薄弱，反映了古人在自然规律面前的无能为力。随着科学的发展和社会的进步，唯物主义必然会战胜各种迷信观念，成为人们认识世界和改造世界的世界观和方法论。

# 贾 生

唐·李商隐

宣室求贤访逐臣，贾生才调更无伦。

可怜夜半虚前席，不问苍生问鬼神。

李商隐（约813—约858），字义山，号玉谿生，怀州河内（今河南沁阳）人。开成进士，曾任县尉、秘书郎和东川节度使判官等职。李商隐擅长律、绝，其诗以精巧的构思、含蓄的意蕴、华美的辞藻造就了唐诗抒情艺术的新高峰，代表了晚唐的最高成就。李商隐是一位饱经仕途坎坷和生活磨难的诗人，故其诗作内容广博、含义深刻，所作咏史诗多托古以斥时政，《贾生》就是较为典型的代表作。

贾生，即贾谊，是西汉政论家、思想家、文学家，洛阳（今河南洛阳东北）人。18岁时以能诵诗属书而名闻郡中，后得吴廷尉推荐，被文帝召为博士，升至太中大夫。他力主改革弊政，提出许多重要政治主张，后遭权贵的嫉妒和陷害，被贬为长沙王太傅。

贾谊被贬长沙，久已成为诗人们抒发不遇之感的常用题材。然而，李商隐独辟蹊径，特意选取贾谊奉召、宣室夜谈的情节为题材，借题发挥，翻出新意。据《史记·屈原贾生列传》记载：刚刚举行过祭祀之后，在未央宫前殿的宣室里，汉文帝接见了由贬地长沙应召回洛阳的贾谊，并问他鬼神的本质问题。贾谊谈得头头是道，直至深夜，文帝越听越入神，在座席上移膝向前，更靠近对方。谈话结束后，文帝说："我好久不见贾谊，自以为超过了他，现在才知道赶不上他。"李商隐独具慧眼，抓住不为人们所注意的"问鬼神"之事，借题发挥，发出了一段发人深省的议论。

"宣室求贤访逐臣"，是交代事情的端由，写明汉文帝在宣室求问被贬谪的贤臣贾谊。此句从正面着笔，丝毫不露贬义。汉文帝史称"明君"，贾谊更是一代"贤才"。在"宣室"接见，表示郑重；"求贤"以至于"访逐臣"。首句写出了文帝征询贾谊意见的态度之谦恭，仿佛是热烈颂扬文帝虚怀若谷、求贤若渴。

"贾生才调更无伦"，隐含文帝对贾谊的推崇赞叹之词，是说贾谊的才华和格调更是无与伦比的。"才调"与"更无伦"的赞叹配合，令人宛见贾生少年才俊、意气风发、华采照人的精神风貌，诗的形象感和咏叹的情调也就自然地显示出来。

"可怜夜半虚前席"，是对深夜长谈细节的描写，其意是：谈至深夜，汉文帝挪动双膝靠近贾谊。这一句承、转交错，是全诗枢纽。承，即所谓"夜半前席"。前席，即向前移坐，把文帝当时那种虚心垂询、凝神倾听的情状描绘得惟妙惟肖，使历史陈迹变成了充满生活气息、鲜活可触的画面。通过这一生动细节的渲染，把由"求"而"访"、而"赞"的那架"重贤"的云梯升到了最高处；而"转"，也就在这高潮中同时开始。不过，它并不露筋突骨，硬转逆折，而是用咏叹之笔轻轻拨转——在"夜半虚前席"前加上"可怜"两字。"可怜"是多义词，有时表示喜爱，有时表示惊奇，有时表示怜悯。这里兼有多种意味。文帝对贾谊的赏识出自内心深处，不是有几分可爱吗？文帝感兴趣的竟然只是鬼神，这不是令人诧异吗？君臣二人本来也不过如此，才高无比的贾谊只能投君王所好,扯一些无关紧要的闲话,这是多么令人怜悯的事!"可怜"隐含着冷隽的嘲讽,可谓似轻而实重。虽只轻轻一点,却使读者对文帝"夜半前席"的重贤姿态从根本上产生了怀疑,可谓举重而若轻。作者还在"前席"前加了一个"虚"字。"虚"者,空自、徒然之意。"虚"不是说文帝虚情假意,而是说文帝空费了一片好心。这一句承转交错的艺术处理,精炼、自然、和谐,浑然无迹。

"不问苍生问鬼神",是说文帝垂询的不是民生,却是穷究鬼神。此句紧承"可怜"与"虚",射出直中鹄的的一箭——"不问苍生问鬼神"。"苍生",即百姓。郑重求贤,虚心垂询,推重叹服,乃至"夜半前席",殷殷垂询的不是百姓疾苦之现状,不是治国安民之道,而只是鬼神之事。这里分别以"不问"与"问"、"苍生"与"鬼神"相对照,辞锋犀利,讽刺辛辣,感慨深沉,却又极具抑扬吞吐之妙,显示出了汉文帝的昏庸与贾谊的不遇,鞭挞了汉文帝徒有求贤之名而无求贤之实,从中寄寓作者自己怀才不遇之感。

这首短诗的着眼点不在个人的穷通得失,而在于指出封建统治者不关心百姓疾苦,不能真正任人唯贤,而只是相信鬼神。从哲学的角度来看,汉文帝的"问鬼神",可以给人们深刻的哲理性启示。

"鬼神"是人类自己制造出来的,反映了人类最原始的心理需要。人们对死亡、灵魂和鬼怪等未知事物的信仰、恐惧或崇拜是一种文化现象,这种现象几乎是和人类社会同时产生的。鬼神观念最早产生于对灵魂的求索。在远古时代,人类的认识能力和思维能力很低,人们对于人体的生理构造和机能认识不清。古人以为,灵魂是可以脱离肉体而单独存在和活动的,它并不随着肉体一同死亡。

人死后，灵魂就变成了人们所说的"鬼"。鬼神观念最初是由梦境而诱发的，是人类对于梦幼稚的联想。这种联想，逐渐演变成对鬼神的信仰。

在一定的历史时期，人类对自身无法克服的自然现象会表现出恐惧，这就是鬼神观念的主要起因。其次，伴随人类社会的出现，阶级矛盾的形成，人们只能将现实中的苦难和不平在虚拟的世界中进行宣泄。这里，一方面人们痛恨等级制度中的压迫与被压迫，另一方面，人们又创造出一个虚拟的、与现实社会大体相同的等级社会，并通过讲述赏善罚恶的故事来表达自己的思想。同时，人们往往还将鬼神人性化，进行善恶、美丑之分。这就像周作人所言的"我不相信人死为鬼，却相信鬼后有人"。再次，在阶级社会中，鬼神成为了统治者用来教化、警戒百姓的工具，其作用往往是法律和道德所达不到的。

自孔子以来，人们就提及了鬼神观念的问题。但是，孔子对于鬼神，采取了"敬而远之"的态度。当学生子路问到鬼神时，孔子说："未能事人，焉能事鬼？"（《论语·先近篇》）儒家学说是一种理性主义的文化。孔子"不语怪、力、乱、神"（《论语·述而篇》），把鬼神有无问题搁置一边，从不张扬迷信。汉文帝是有为之君，"文景之治"可以说是中国历史上光彩的一页。可汉文帝热心鬼神之事，还是受到诟病，李商隐在这首诗中就狠批了汉文帝。汉文帝"问鬼神"在当时并不可笑，但加上"不问苍生"来对比就显示出其荒谬性。

物质决定意识，意识是物质的反映。在现实生活中，鬼神是不存在的。诸如神话小说中的鬼神形象，是作家在客观事物的基础上艺术化的产物；作为迷信产物的鬼神观念，则是对客观事物的歪曲反映。但是，无论它怎样歪曲，都不能离开客观事物凭空捏造，必然在现实生活中找得到原型。坚信鬼神观念是对现实的歪曲反映，就是坚持唯物主义。

今天，在反对迷信鬼神的斗争中，我们仍然需要科学与哲学的联盟。我们既要进行科普教育，又要进行无神论教育，特别是要进行马克思主义哲学教育。因为只有马克思主义，才能提供科学的世界观和理性的思维方法。从哲学上看，所有的迷信者都有一个共同点，即缺少理性思维，只相信感官。实际上，所谓迷信，即因迷而信、因信而迷，越信越迷、越迷越信，迷他所信、信他所迷。因此，在强调"以人为本"、"执政为民"的今天，我们不应"问鬼神"，而应"问苍生"，关注民生疾苦，自觉站在人民群众根本利益的立场上，一切以人民群众的根本利益为重，让广大人民群众共享改革发展的成果。

# 西江月·世事短如春梦

宋·朱敦儒

世事短如春梦，人情薄似秋云。不须计较苦劳心，
万事原来有命。

幸遇三杯酒好，况逢一朵花新。片时欢笑且相亲，
明日阴晴未定。

朱敦儒（1081—1159），字希真，号岩壑，河南洛阳人。早年隐居不仕，绍兴三年（1133）补右迪功郎，五年（1135）赐同进士出身，为秘书省正字，历兵部郎中、两浙东路提点刑狱，后曾为鸿胪少卿，晚年退居嘉禾。他的词清旷闲适，在当时被誉为"天资旷逸，有神仙风致"，南渡后亦有感喟国事之作。词集有《樵歌》三卷。

这首小词，乍看之下，思想颇为颓废，反复琢磨，却又十分达观。它指出了在人生道路上美好世事的短暂以及人情的浅薄，并提出了其因应之道，继而强调世间仍有良辰美景、赏心乐事，应当及时行乐。值得再三品味。

起首"世事短如春梦，人情薄似秋云"，是饱含辛酸的笔触。这两句对仗工整，集中、形象地表达了作者对人生的认识。第一句以寓意美好、虚幻的"春梦"来形容世事顺遂的短暂；第二句则

以冷寂、阴暗、多变的"秋云"来比喻人情的凉薄。"短如春梦"、"薄似秋云"的比喻熨帖而自然。

接下来，笔锋一转，把世事人情的种种变化与表现归结为"命"的力量。"人事已尽，留待天命"，在强大的命运之神面前，人们应当具有达观的态度，"不须计较苦劳心"。这两句倒装，情调由沉重到轻松，反映了词人从顿悟中得到解脱的心情。在此，朱氏虽然以世事洞明与人情练达的彻悟撇开了人世间的烦恼，但还是停留在无奈的"认命"阶段，思想态度上是灰颓的。

"幸遇三杯酒好，况逢一朵花新"，使本词转灰暗向光明、化伤悲为可喜。人的一生虽然有难以掌握的"命"存在，但仍有己力能够操控者，譬如：面对美酒，可以独自小酌，也可偕友对饮；而目睹一朵清新可爱的小花，也足以触景生情，令人赏心悦目。此处词人所拣取之"酒"与"花"颇耐人寻味，酒代表放纵恣肆，而花则关涉宁静自得，在深谙世事人情的无奈后，心灵就可以自由放松，两种不同的生命情境便能兼而有之。

"片时欢笑且相亲，明日阴晴未定。"前句强调珍惜当下、尽情欢笑、及时行乐，后句则以茫然难测的未来警醒读者——明天或许酒空，或许花谢，或许人远。这两句是强调明日世事未定，理应珍惜当下，及时行乐。"明日阴晴未定"，是因春日气候的阴晴不定，难免有夜来风雨而不能再见一朵花新而发；亦可视为"世事短如春梦"一联的回前扣合，意谓明日人事也许又将生变，所以应及时行乐；还可视为与"万事原来有命"相呼应，说明未来的命运不定。

这首词既"言情"，又"说理"，尤其是词中强调珍惜当下的思想，显得内涵丰富并耐人深思，对于我们珍惜现在、把握当下的人生具有积极意义。当然，相信"万事原来有命"则是不可取的。

辩证唯物主义认为，物质决定意识，意识是客观物质对象在人脑中的反映。世界上万事万物的运行都是由其自身的客观规律决定的，而不是由"命"所决定的。唯心主义则认为，意识是世界的本原，物质依赖意识，不是物质决定意识，而是意识决定物质。因此，认为"万事原来有命"，是典型的唯心主义。

人的意识具有能动性，人不仅能够能动地认识世界，而且能够能动地改造世界。在物欲横流的社会生活中，洞悉世事人情，采取旷达的态度，具有可取之处。但是，如果无奈"认命"，"不须计较苦劳心"，认为在强大的命运之神面前，在事物的客观规律面前，在困难、挫折乃至失败面前，人是无能为力的，那么，就否定了人的意识的能动作用。这是我们应当摒弃的。

# 汉宫春·初自南郑来成都作

宋·陆游

羽箭雕弓，忆呼鹰古垒，截虎平川。吹笳暮归野帐，雪压青毡。淋漓醉墨，看龙蛇、飞落蛮笺（jiān）。人误许，诗情将略，一时才气超然。

何事又作南来，看重阳药市，元夕灯山。花时万人乐处，欹（qī）帽垂鞭。闻歌感旧，尚时时、流涕尊前。君记取，封侯事在，功名不信由天。

陆游（1125—1210），字务观，号放翁，山阴（今浙江绍兴）人。孝宗隆兴初，赐进士出身。他是杰出的爱国诗人，一生以诗文为武器，抒写抗敌御侮、恢复中原的激越情怀和壮志难酬的忧愤，气势雄浑，感情奔放，笔意流走，辞旨明快，在文学史上具有深远影响。他的词风以雄放悲慨为主，兼有柔婉清逸之美。有《渭南文集》、《剑南诗稿》、《南唐书》等，后人辑有《放翁词》。

宋孝宗乾道八年（1173），陆游受命任成都府安抚司参议官，虽不愿意，但也只得收拾行囊，携妻儿离开南郑前线，到成都府就任新职。人在后方，心系抗金前线，郁闷之下，慨然而歌，写下了这首词。"汉宫春"为词牌名。这首词抒写了陆游悲愤而又慷慨的心情，是陆游爱国诗词的代表作之一。

作者此时虽已年近半百，豪情却不减当年，对于军旅生涯无限留恋。尽管不得不离开前线，回到后方，但是，那游猎壮怀、淋漓醉墨的生活，仍然鼓舞着词人去实现早年的抱负。

上阕回忆在南郑的古垒边，搭箭弯弓射雕，振臂呼唤雄鹰，拦截猛虎于平川。暮色降临，在吹笳声中，回到漫天大雪笼罩的军帐，兴酣挥墨，写下如龙蛇飞舞的书法和气壮山河的诗篇。人们都言过其实地赞许我：文有诗情，武有韬略，是才气超然的英杰。

下阕写受调来到成都后，想到抗金的宏愿从此破灭，不觉愤慨：究竟为了何事来成都城？这里一派太平繁华景象，我整天无事，闲逛重阳药市，观元夕灯山。在万人欢乐的浣花节，我歪戴着帽子，拎着鞭子，信马由缰地漫行。每当听到歌声，我就会想起南郑军旅中的生活；端起酒杯，我更禁不住泪水滂沱。请君切记：立功封侯的事业还在，我就不相信一个人的功名是由上天来安排的。

这首词将南郑紧张的戎马生活与成都繁华的悠闲生活作强烈对比，突出了诗人愤懑的心情，尤其是词的最后表达了作者不向命运低头，依然壮志满怀，热切期盼立功封侯的机会到来——"功名不信由天"，可谓与"天"抗争，豪气逼人。

辩证唯物主义认为，物质具有决定作用，但人的意识具有能动作用。人类能够通过意识能动地认识世界，也能够在意识的指导下能动地改造世界，即通过实践把意识中的东西变成现实的东西，创造出没有人的参与就永远不可能出现的东西。我们既要反对夸大意识能动作用的唯意志主义，又要反对片面强调客观条件、安于现状、因循守旧、无所作为的思想。"功名不信由天"强调的是"人定胜天"，张扬的是人的主观能动性，显示出了人的伟大与力量，具有朴素的唯物主义思想。

在中国古代，人们对头顶上的天（星）空有着独特的认识，并在这独特认识的基础上形成了一门独特的学说——"天学"。"天学"是以研究天体运行情况为载体和出发点，以其展示的"天象"为依据，来决定或预知人事的安排和进退的学说。"天学"理论认为，一切人事的顺利进行和有效实施都应该在"天"的许可和视野下进行，要与"天"同步或共振，否则，就会引起"天"的不满，甚至招致天谴、天怒、天罚。那是一个"天"统治一切、决定一切的世界，从国家大事到个人小事，都寓于"天"的框架之中。然而，陆游一句"功名不信由天"，不相信一个人的功名是由上天来安排的，是对这种"天学"的否定，是对"人学"的赞扬。这在当时的社会历史条件下，可以说是难能可贵的，也更见其豪气。

# 天 问（节选）

## 战国·屈原

遂古之初，谁传道之？

上下未形，何由考之？

冥昭瞢暗，谁能极之？

冯翼惟像，何以识之？

明明暗暗，惟时何为？

阴阳三合，何本何化？

屈原（约前340—约前278年），战国时楚国政治家、诗人。名平，字原，出身楚国贵族。初辅佐怀王，做过左徒、三闾大夫。因遭贵族子兰谗害去职。顷襄王时被放逐，后投汨罗江而死。著有《离骚》、《九章》、《天问》等。

《天问》以四言的句式、问难的口吻，一口气提出了涉及宇宙生成、自然变化、神话故事、历史传说、社会现实等172个问题，凸显了诗人对未知领域的探索意识，展现了作者无穷的智慧和奇特的精神世界。这些问题，有的是在诗人那个时代尚未解决而他有所怀疑的，有的则是明知故问的。对许多自然问题的提问，表现出作者对宇宙的探索精神或对传说的怀疑；对许多历史问题的提问，表现出了作者的思想感情、政治见解和对历史的褒贬。《天问》以新奇的艺术手法来表现深邃的思想内容，成为了世界文库中空前绝后的奇文字。

何谓"天问"？王逸《楚辞章句》说："何不言'问天'？天尊不可问，故曰'天问'。"战国时代，"天"字的含义颇广泛。大体说来，凡一切远于人、高于人、古于人，人所不能了解、不能施为的事与物，都可用"天"来统摄之。屈原在此所问的都是上古传说中人们不甚了解的怪事或大事，"天地万象之理，存亡兴废之端，贤凶善恶之报，神奇鬼怪之说"，他似乎都要求得一个解答，找出一个因果。"天问"其实就是诗人以"天"的语气而发问。

宇宙起源是万事万物的先决，这便成了屈原问难之始。"遂古之初，谁传道之？上下未形，何由考之？"遂古：远古。遂，通邃，悠远。初：始。传道：传说。上下：指天地。未形：未形成，指天地未分，宇宙一片混沌。何由：根据什么。考：考记，考究。在此，诗人问的是世界是从何而来。远古之初，人类尚没有产生，那远古开端的情况是谁传述下来的呢？上下天地还未形成，人们又是根据什么来考察它的呢？这是关于宇宙生成的思考和诘问。

上古时代，我们的祖先就已有了"神创论"的观点，认为世界是神创造的。神创造了一个天国，把它留给了自己；创造了一个大地，把它赐给了人类。因此，人类不仅要听命于神，而且要服从神所选定的统治者。除了"神创论"之外，就是诸如盘古开天辟地的神话传说。这些都成为唯心主义哲学的基石。然而，屈原没有局限于当时的神学阐释和神话传说，而是用自己的双眼去审视，用自己的大脑去思考，客观地把握自然界的本来面目，所以，屈原是在先秦浑浑噩噩的人群中理性觉醒的第一人。恩格斯说过："唯物论的世界观不过是对自然界本来面目的了解，不附以任何外来的成分。"屈原在这里发出的关于宇宙形成的诘问，无异于公开宣布：

远古之初，天地尚未形成，根本就没有人类！自然界是先于人类而存在的。这无疑与唯物主义的世界观是相吻合的。

接着，诗人开始问人类能不能认识宇宙。"冥昭瞢（méng）暗，谁能极之？冯翼惟像，何以识之？"冥：昏暗；昭：明亮。瞢暗：昼夜未分，混沌不清的样子。极：穷究。冯翼：大气盛满无形无状的样子。惟：是。像：也作"象"，恍惚想象之意。识：辨认。昼夜未分、混沌暗昧的世界谁又能穷究？充满朦胧大气、晦暗迷蒙的景象如何能为人所识别和认清？人们能否认识世界，涉及哲学基本问题的第二个方面，有可知论与不可知论的对立。诗人在此涉及的就是世界是否可知这一哲学问题。

然后，诗人对世界的本质开始了发问。"明明暗暗，惟时何为？阴阳三合，何本何化？"明：指白天。暗：指黑夜。何为：为什么。阴阳：哲学范畴，古代人把它看成是自然界两种相互对立、此消彼长的物质形态。三合：三者结合，相互作用，指阴阳与天的结合。本：本体，本原。化：变化。白天光明，夜晚黑暗，昼夜交替是谁造成的呢？阴阳结合而生成"天"，何是本原？何是演化？

世界的本原或本质是什么？《淮南子》早已提出，阴阳二气以成天地，而天地、阴阳交感合和，则化生万物。诗人在此诘问：阴阳结合而生成"天"（宇宙），何是本原？何是演化？这就涉及了世界的本原或本质问题，对我们今天仍然具有重大的启示。

将宇宙的形成归结于神秘的超自然的力量，本是人类幼年时代的愚昧思想。随着社会生产力的发展，人们对之逐渐产生怀疑，是极其自然的。屈原没有囿于神学的束缚，而是通过提问的句式、反问的语气，对传统的旧说提出了质疑，从神学走向了哲学。难怪有人说，《天问》的思想压倒了形象，哲学价值远远超过了美学价值。其实，这二者是统一的，诗人的气质与哲人的眼光是合二为一的。

《天问》构思奇特，气势恢弘，探究了天地的生成、日月的运行、山川的排序、生命的繁衍、人事的更迭、历史的演绎等，极富哲理，是一篇充满强烈的理性探索精神和深沉的文学情思的经典诗作。鲁迅在《摩罗诗力说》中说，屈原"怀疑自遂古之初，直至百物之琐末，放言无惮，为前人所不敢言"。王夫之在《楚辞通释》中言，《天问》"言虽磅礴，而要归之旨，则以有道而兴，无道而丧"。毛泽东对屈原的《天问》也是爱之颇深。他特别肯定屈原的《天问》在唯物主义思想方面的贡献。1949年，毛泽东在谈到屈原时，曾发了一段较长的议论，其中说："屈原的名字对我们更为神圣。他不仅是古代的天才歌手，而且是一名伟大的爱国者：无私无畏，勇敢高尚。他的形象保留在每个中国人的脑海里。无论在国内国外，屈原都是一个不朽的形象。我们就是他生命长存的见证人。"

# 沁园春·长沙

### 当代·毛泽东

独立寒秋，湘江北去，橘子洲头。看万山红遍，层林尽染；漫江碧透，百舸争流。鹰击长空，鱼翔浅底，万类霜天竞自由。怅寥廓，问苍茫大地，谁主沉浮？

携来百侣曾游，忆往昔，峥嵘岁月稠。恰同学少年，风华正茂；书生意气，挥斥方遒。指点江山，激扬文字，粪土当年万户侯。曾记否，到中流击水，浪遏飞舟？

毛泽东（1893—1976），字润之，湖南湘潭韶山冲（今湖南省韶山市）人。中国共产党、中国人民解放军、中华人民共和国的主要缔造者和领导人，伟大的马克思主义者，无产阶级革命家、战略家、理论家，中国当代杰出的诗人。

《沁园春·长沙》是毛泽东诗词中的代表作之一。这首词写于1925年深秋。当时，毛泽东去广州主持农民运动讲习所，在长沙停留期间，重游橘子洲，写下了这首气势磅礴的词。诗人以他天才的笔墨，一方面缅怀往昔不平凡的岁月，意在怀古；另一方面追昔抚今，今昔对比，旨在喻今，流露出激情壮志，展示了宏伟襟怀。

词的开篇"独立寒秋，湘江北去，橘子洲头"，既点明了时令和地点，又为读者勾勒出了特定的环境。湘江：湖南省最大的河流，源出广西壮族自治区的海洋山，向东北流贯湖南省东部，经过长沙，北入洞庭湖。橘子洲：是长沙城西湘江中的一个狭长的小岛，西面靠近著名的风景区岳麓山。首句的大意是：在深秋的季节，我独自一人站在橘子洲头，望着湘江水滚滚向北奔流。"独立"二字，进一步突显了诗人伫立橘子洲头、凝望湘江奔流的英姿，一代伟人的青年风采由此跃然纸上，横空而出。

接着，一个"看"字，总领七句，描绘了独立橘子洲头所见到的一幅色彩绚丽的立体秋景图。词的大意是：远眺群山，重重叠叠的树林点染如画；近观满江的秋水碧绿清澈，无数船只争相行驶。仰视，雄鹰在天空中展翅高飞；俯瞰，鱼儿在江水中轻快地畅游。宇宙中的万物都在秋天里生气勃勃地自由舒展，蓬勃生长。诗人从山上、江面、天空、水下选择了几种典型景物进行描写，不断地变换"看"的视角，将所见景物有机地糅合在一起，形成了远近相间、动静结合、对照鲜明的艺术张力。

"怅寥廓，问苍茫大地，谁主沉浮？"寥廓：广远空阔。这里用来描写宇宙之大。在"万类霜天竞自由"的情形下，作为万物之灵的人却没有自由，于是诗人为之"怅寥廓"。在这"寥廓"的秋天，诗人的惆怅像秋天一样"寥廓"。面对自由的"万类"和不自由的人类，不禁像"天问"的屈原一样："问苍茫大地，谁主沉浮？"——广阔无垠的大地呀，究竟是谁主宰着世间万物的升沉起伏呢？这一问，把全词推向了高潮，道出了诗人的雄心壮志，表现了诗人的博大胸怀。

"携来百侣曾游，忆往昔峥嵘岁月稠"开启下片，描绘了一幅"峥嵘岁月图"。"百侣"，即指作者在长沙湖南省立第一师范学校读书时的好友。就在这橘子洲上，诗人曾经度过了一段不平凡而有意义的岁月。诗人从上片的独往旧地重游，自然引起对往昔生活的回忆。以"峥嵘"形容岁月，新颖、形象，将无形的不平凡的岁月，化为座座有形的峥嵘的山峰，给人以巍峨奇丽的崇高美。

紧接着，一个"恰"字，统领七句，形象地概括了早期革命者奋发向上、雄姿英发的战斗风貌和豪迈气概，为我们描绘了一幅生气勃勃的"少年学子图"。挥斥，奔放。遒，强劲。挥斥方遒，是说热情奔放，劲头正足。那时候，同学们正当青春年少，意气风发，才华横溢，激情奔放，敢说敢做，革命斗志十分旺盛。面对"万山红遍"的美景，他们既赞叹锦绣河山的壮美，又悲愤大好河山的沉沦。于是，指点评论，经常在一起评论国家大事，写出激浊扬清的文章。"粪土当年万户侯"饶有兴味：历代青少年诗人大多以封"万户侯"为目标；而诗人毛泽东反其意而用之，表明有志青年与旧世界的彻底决裂。

尾句"中流击水，浪遏飞舟"，是一幅奋勇进击、劈波斩浪的宏伟画面，采用象征手法，形象地表达了一代革命青年的凌云壮志。"中流"，江水中间。"击水"，作者曾自注："游泳：那时初学，盛夏水涨，几死者数，一群人终于坚持，直到隆冬，犹在江中。当时有一篇诗，都忘记了，只记得两句：自信人生二百年，会当水击三千里。"词的大意是：还记得吗？当年我们一同到江心游泳，尽管风浪巨大，连船只行进也很困难，但我们这些人却以同汹涌的急流拼搏为乐。这里以设问结尾，实际上是对"谁主沉浮"的巧妙回答。

词的下片回忆了往昔峥嵘岁月，表现了诗人和战友们立志改造旧中国的英勇无畏的革命精神和壮志豪情，形象含蓄地给出了"谁主沉浮"的答案：主宰国家命运的，是以天下为己任、蔑视反动统治者、敢于改造旧世界的革命青年。

　　德国哲学家尼采认为，一个真正的哲学家本质上必然是一个诗人。这个论断在毛泽东身上得到了印证。"作为政治家，毛泽东把他的诗意哲学尽情自如挥洒，创造了一个新的时代；作为诗人，同时又将独特的人生哲学浓缩于诗的创作中，为后人留下了数十首想象丰富、气魄宏大、寓意深刻的优秀诗篇，足以令人仰而观之。"（王臻忠：《毛泽东诗词鉴赏》，南京：江苏古籍出版社，1990）

　　这首词充分体现了"运动是物质的固有属性"的哲学道理。辩证唯物主义认为，从物体位置的推移到物理性质、化学性质的变化，从生命有机体的新陈代谢到社会生产方式的更替，世界上一切事物都处在运动变化之中。在这首词中，"湘江北去"、"百舸争流"是物体位置在移动；"霜天"因水汽受冷而成，是水的物理性质的变化；"万山红遍，层林尽染"说的是满山绿叶在霜天都变成了红色，是化学性质的变化；"独立寒秋"是说在寒冷的秋天我独自站在橘子洲头，"百舸争流"是说无数船只争相前航，"鹰击长空"是说矫健的雄鹰在万里长空展翅翱翔，"鱼翔浅底"是说鱼群在清澈见底的江中轻快自如地嬉戏。这些都反映了物质运动。毛泽东在这里所描绘的秋天，不是萧飒零落的，而是生机勃勃的"万类霜天竞自由"。"问苍茫大地，谁主沉浮"说的是该由谁来主宰国家的发展变化。

　　事物不仅是运动的，同时也是静止的，是运动与静止的辩证统一，动中有静，静中有动。在这首词中，诗人除了表现山红水绿的静景的优美外，还着意描写事物动态的壮美。"百舸争流"中的"争"字，给碧绿无尘的江面增加了昂扬奋进的气氛，活现出千帆竞发、争先恐后的热烈场面；"鹰击长空"的"击"字，准确而生动地刻画出了在万里长空中雄鹰高飞的矫健；"鱼翔浅底"中的"翔"字，展示出了在清澈见底的江水中鱼儿的欢愉自在；"万类霜天竞自由"的一个"竞"字，则有力地突出了万物在寒秋严霜下蓬勃旺盛的生命力，让人感受到诗人对大自然的无限热爱和由衷赞美。看似信手拈来的一个"竞"字，说是"神来之笔"也不为过。

物质决定意识，意识是物质的反映。意识对客观世界的反映是主动的、有选择的，并不是客观世界有什么就反映什么。意识活动具有主动创造性和自觉选择性。景是客观存在的，情则是主观的，因景而生的。秋天，是万物凋零的季节，是肃杀、感伤的季节，是文人骚客容易产生"悲秋"情调的季节。"自古文人多悲秋"，"悲哉秋之为气也，萧瑟兮草木摇落而变衰"。毛泽东则不然。他凭借着一生追求创造的精神特质、勇气力量和人格魅力，跳出了古人悲秋的窠臼，从传统的肃杀哀婉氛围中从容地走出来，一扫衰颓萧瑟之气，赋予秋以色彩斑斓、辽阔豪迈的美学内涵，展示出一幅幅全新的秋色图。毛泽东为什么要对一幅秋色图赋予强烈的动感、强劲的力度和浓烈的色彩，要调动山、林、舸、鹰、鱼等去颂扬"无边落木萧萧下"的秋天？答案似乎应该是：在坚信"踏遍青山人未老"的毛泽东眼里，"寒秋"的特殊环境，更能锤炼人的意志，催人奋进。寒秋的肃杀与万类的自由活跃，实际上昭示了自然界对立统一的辩证关系。毛泽东以自己的哲学思想和精神力量，给秋令景致注入了全新意趣，使"万类霜天"的天化自然转化成反映强者心态的人化自然，从而使秋这一无生命的自然形式呈现阳刚之美，充分体现了人的主观能动性。"诗的品评在意境的高下，而意境的高下又决定于人的品格的高下。"今天，我们品读毛泽东的这首词，不仅要用心去体验壮丽秋景带来的艺术享受，而且要从诗人昂扬炽烈的博大情怀和革命壮志中汲取奋发前进的信心和力量。

# 古朗月行

### 唐·李白

小时不识月，呼作白玉盘。

又疑瑶台镜，飞在青云端。

仙人垂两足，桂树何团团。

白兔捣药成，问言与谁餐？

蟾蜍蚀圆影，大明夜已残。

羿昔落九乌，天人清且安。

阴精此沦惑，去去不足观。

忧来其如何？凄怆摧心肝。

李白（701—762），字太白，号青莲居士，是我国唐代伟大的浪漫主义诗人，被誉为"诗仙"。他的诗豪迈瑰丽，诗里有突破现实的幻想，也有对民生疾苦的反映和对政治黑暗的抨击。

月球，这颗被称为"死亡天体"的静谧星球，自有人类历史以来，就一直鲜活地存在于我们的神话和诗文当中。这是一首乐府诗。"朗月行"是乐府古题，属《杂曲歌辞》。李白采用这个题目，故称《古朗月行》，但没有因袭旧的内容。在此，诗人运用浪漫主义的创作方法，通过丰富的想象，对神话传说的巧妙加工，以及强烈的抒情，构成了瑰丽神奇而含意深蕴的艺术形象。

　　首先，诗人描写了儿童时期对月亮稚气、美好的认识，表现出月亮的形状和月光的皎洁可爱，不加雕饰，生动自然。"小时不识月，呼作白玉盘。又疑瑶台镜，飞在青云端。"幼小的孩子因为起初不认识月亮，称它为白色的玉盘，也将它视为神仙姐姐瑶台上的圆镜。明月既像白色的玉盘，也像美玉制作的镜子，高高悬挂在夜空云涧。诗人以"白玉盘"和"瑶台镜"作比，不仅描绘出月亮的形状，更写出了月光的皎洁可爱，在新颖、有趣中透出一股令人感叹的稚气。"呼"和"疑"这两个动词，传达出儿童的天真烂漫之态。这四句诗，语言质朴，比喻有趣，看似信手写来，却耐人回味。美好、圆满的明月，勾起诗人对童年欢娱的追忆，代表着李白那心灵深处留恋的孩提岁月。

　　接着，诗人又描写了月亮的升起："仙人垂两足，桂树何团团。白兔捣药成，问言与谁餐？"古代神话说，月中有仙人、桂树、白兔。月亮初升之时，只见仙脚；月亮渐明乃见仙人及桂树的全部形状，月亮中还有一只白兔在捣药。诗人借用这一神话传说，写出了月亮初升时宛若仙境般的景致。

　　然而，好景不长，月亮渐渐地由圆而蚀："蟾蜍蚀圆影，大明夜已残。"蟾蜍（chán chú），俗称癞蛤蟆；大明，指月亮。传说月食就是蟾蜍食月所造成，月亮被蟾蜍所啮食而残损，变得晦暗不明。这首诗，大概是李白针对当时朝政黑暗而发的。唐玄宗晚年沉湎声色，宠幸杨贵妃，把国家搞得乌烟瘴气。诗中"蟾蜍蚀圆影，大明夜已残"似是讽刺这一昏暗的局面。然而，诗人没有明言主旨，而是通篇作隐语，化现实为幻景，以蟾蜍蚀月影射现实，委婉含蓄。

　　"羿昔落九乌，天人清且安"，表现出诗人的感慨和希望。传说以前天上有十个太阳，烧得草木、庄稼枯焦。"嫦娥"的丈夫后羿是个神箭手，箭法超群，百发百中。为了拯救世界，他一连射落了九个太阳，只留下一个，从此天与人都十分清静、安全。诗人为什么要引出这样的英雄来呢？也许是为现实中缺少这样的英雄而感慨吧！

然而，现实毕竟是现实，李白仗剑云游四海，经历了许许多多的人世风云。人生的好景不常在，诗人深感失望："阴精此沦惑，去去不足观。"月亮既然已经沦没而迷惑不清，还有什么可观看的呢！不如趁早走开吧。这显然是无可奈何的办法。心中的忧愤不仅没有解除，反而更加深重："忧来其如何？凄怆摧心肝。"诗人不忍一走了之，内心矛盾重重，忧心如焚。

李白是浪漫主义诗人的代表，擅长用绮丽的文字与想象来表达自己的愿望与梦境。诗中一个又一个新颖奇妙的想象，展现出诗人起伏不平的感情。文辞如行云流水，语言质朴，毫无华丽之感，反倒自然亲切、富有魅力、发人深思，体现出李白诗歌雄奇奔放、清新俊逸的风格。

由于月球的特殊位置，每当"困在"地球上的人们仰望苍穹之时，便会生出许许多多的遐想。黑夜似一张丝绒天幕，让人浮想联翩。美好的月亮似晶莹剔透的玉盘，让人充满希望与向往。我们要用眼去观看生活，用心去感受生活，用博大的胸怀去迎接生活给予我们的一切。让李白的浪漫永驻我们心中！

欣赏这首古诗，我们可以清晰地认识到：宇宙中的每一个天体（包括月亮）都是按照自然界固有的规律而形成的，有着自己的起源与变化过程，各个天体都是统一的物质世界的组成部分。宇宙间根本不存在什么上帝或者诸神居住的"天国"，当然也不会有什么上帝或诸神创造天地的活动。在"探月"梦想成真的今天，月球上有没有诸神存在，月亮似乎可以作证。

# 日出入行

唐·李白

日出东方隈，似从地底来。

历天又复入西海，六龙所舍安在哉？

其始与终古不息。

人非元气，安得与之久徘徊？

草不谢荣于春风，木不怨落于秋在。

谁挥鞭策驱四运？万物兴歇皆自然。

羲和！羲和！汝奚汩没于流淫之波？

鲁阳何德，驻景挥戈？

逆道违天，矫诬实多。

吾将囊括大块，浩然与溟涬同科。

　　汉乐府《郊祀歌》有《日出入》一篇，咏叹的是太阳升落无穷而人生短促，于是幻想骑上六龙成仙上天。李白的这首诗一反其意，认为日出日落、四时变化，都是自然规律的表现，而人是不能违背和超脱自然规律的，只有顺应自然、适应自然，同自然融为一体，才符合天理人情。"万物兴歇皆自然"，包含着朴素唯物主义的思想因素。

　　这首诗的"诗眼"即哲理核心是——"万物兴歇皆自然"。它既有鲜活的形象，又有严密的逻辑。

首先，日出日落"皆自然"。根据古代神话传说，太阳东升西落，是羲和每日赶了六条龙载上太阳神在天空中来回不停地奔跑。然而，李白却认为，"日出东方隈，似从地底来"，即太阳从东方的水边升起，好像是从地底里冒出来的——始；"历天又复入西海"，即太阳经过天空后在西方的大海而落——终；如此周而复始，兴歇不已，"其始与终古不息"——从古至今永不停息。这是其本身规律的表现，而不是什么"神"在指挥和操纵。"六龙所舍安在哉？"即六条龙停留在什么地方休息呢？这是反问句式，实际上否认了六龙存在的可能性。既然六龙不存在，那么，六龙驾日的说法则是不可信的。

"元气"是中国古代哲学名词，指天地未分之前的混沌之气，古人认为宇宙万物都是由元气而生，元气充盈天地，孕育万物，它和天地同寿，与日月同存。"人非元气"，又怎么能够与太阳"久徘徊"？也就是说，人不同于元气，不是宇宙的本原，不能与太阳同升共落，因而人的死亡也就不足为怪了。"徘徊"两字用得极妙，太阳东升西落，犹如人之徘徊，多么形象生动。在此，诗人肯定了"元气"是世界的本原或本质，闪烁着朴素唯物主义的光彩。

其次，草木荣枯"皆自然"。"草不谢荣于春风，木不怨落于秋在"，互文见义。在这里，诗人以草木对举，视无情为有情，意思是说：草木的繁荣不必感谢春风，草木的凋零也不必怨恨秋天。这两句源于郭象《庄子》注："暖焉若阳春之自和，故蒙泽者不谢；凄乎若秋霜之自降，故凋落者不怨。""草不"、"木不"两句，连用两个"不"字，加强了肯定的语气，显得果断而有力。春秋更替，草木荣枯，并非外力作用所致，全是自然规律发生作用的表现形式。李白的这一观点之所以值得称道，就在于它彻底否定了

"神"的存在，具有朴素唯物主义思想。

"谁挥鞭策驱四运？万物兴歇皆自然"，是中心题旨、核心所在。四运：一年四季的运行。兴歇：运行与停息，兴盛与衰落。"谁挥鞭策驱四运"这一问句，更增强气势。这个"谁"字尤其值得思索。是谁在鞭策四时的运转呢？是羲和那样的神吗？顺流而下地导出"万物兴歇皆自然"，孕足而娩，水到渠成，自然升华。回答刚劲有力，斩钉截铁，给人以字字千钧之感。在这里，诗人采用自问自答的形式，由点及面，由现象上升到理念，使人的思索进入理性的领域：世界上的万事万物都是按照其自身固有的客观规律运行的，根本没有什么超自然的神秘力量来主宰和操纵。万物的兴盛和衰歇，都是客观的自然规律发生作用的结果，不以人的主观意志为转移。

最后，"逆道违天"不足取，人类要顺应、适应自然。"羲和！羲和！汝奚汩没于流淫之波？鲁阳何德，驻景挥戈？"诗人在此连用了两个诘问句，对传说中驾驭太阳的羲和与挥退太阳的大力士鲁阳公予以怀疑，投以嘲笑。羲和：传说为太阳神驾车和掌管四运的神。汩：沉没，沉沦。流淫：水势盛大之意。鲁阳、挥戈，典出《淮南子·览冥训》："鲁阳公与韩构难，战酣日暮，援戈而挥之，日为之返三舍（一舍为三十里）。"诗人在此指出，羲和啊羲和，你怎么沉埋到浩渺无际的波涛之中去了呢？鲁阳公啊鲁阳公，你有何德何能叫太阳停下来呢？这是屈原"天问"式的笔法，这里，李白不仅继承了屈原浪漫主义的表现手法，而且比屈原更富于探索精神。

李白不单单是提出问题，更重要的是在回答问题。"逆道违天，矫诬实多。"既然世界上万事万物都有自己的运行规律，那么硬要像羲和与鲁阳公那样"逆道违天"——违背客观的自然规律，就必然是"矫诬实多",虚妄而荒诞,自欺欺人。李白认为,正确的态度应该是"囊括大块,浩然与溟涬同科"。大块:大地。溟涬（míng xìng）:混沌的元气。同科:同类。我们要顺应自然规律,使自身的浩然之气与自然的元气融为一体,混而为一,在精神上包罗和占有（"囊括"）天地宇宙。如果我们做到了这一点,就能够达到与自然"齐生死"的境界。

这首诗把叙事、抒情和说理有机结合,叙事而不单调,抒情而不空泛,说理而不抽象。整首诗情中见理,理中寓情,情理相融。诗人有感于日出日入这一自然现象,在对神话传说中人事的辩驳、挪揄和否定的抒写中,把"天道自然"的思想轻轻点出,揭示了自然固有其运行规律,人只有顺应自然,尊重自然规律,才能与自然同在、和谐相处。整首诗读来轻快、活泼而又不失凝重,"万物兴歇皆自然"的深邃哲理在佳妙的诗艺媒介下沁人肺腑,刻骨铭心。

# 秋　野（其二）

### 唐·杜甫

易识浮生理，难教一物违。

水深鱼极乐，林茂鸟知归。

衰老甘贫病，荣华有是非。

秋风吹几杖，不厌北山薇。

　　杜甫（712—770），字子美，自号少陵野老，亦称杜少陵、杜工部等，是我国唐代伟大的现实主义诗人，其忧国忧民，人格高尚，诗艺精湛，被奉为"诗圣"。

　　这首写景抒情之作表达出诗人安贫乐道的思想。

　　"易识浮生理，难教一物违"，开宗明义地揭示了一个深刻的人生哲理：世间的一切事物都有其自身的运行规律，这是不以人的主观意志为转移的，任何事物的运行都不能违反其规律，一言以蔽之，事物运动的规律具有客观性。宋朝的王洙曾认为，这句诗的主旨在于说明"物不可违其性也"。在此，王洙正确地揭示了杜诗的深刻哲学内涵。浮生：人生。古人认为人在世间飘浮不定，故曰浮生。首联之意为：人生的道理是不难理解的，没有一个事物能违背其自身运行的客观规律。"难教一物违"，充分体现了诗人所具有的朴素唯物主义思想。

　　"水深鱼极乐，林茂鸟知归"，借景喻理，以具体现象来进一步说明"难教一物违"的哲理。水深，游鱼才感到嬉戏的极其快乐；林茂，飞鸟才知道以此为归宿。在这里，诗人以鱼和鸟作比，生动形象，富有诗情画意，反映了"秋野"的特点，蕴含着深奥的哲理，具体揭示了事物的运行之理。这水与鱼、林与鸟的关系，是客观规律发生作用的结果和表现形式，是事物联系的普遍性与客观性的又一例证。

　　"衰老甘贫病，荣华有是非"，笔锋一转，从自然转到人事（即社会），进一步揭示了浮生之理：那些衰老之人，往往甘于过贫病交加的日子；那些荣华富贵之人，也会有是非灾难发生。在这里，一个"甘"字形象地显示了诗人随遇而安、知足常乐的旷达心境。这两句诗，"衰老甘贫病"是主，说自己安贫乐道；"荣华有是非"是宾，说普遍社会现象，表明自己不羡慕他人的荣华富贵，用来衬托"衰老甘贫病"。同时，这两句诗，进一步说明人生的衰老、贫病、荣华、是非，都是人生规律运行的结果和表现形式，是不以人的主观意志为转移的。

　　"秋风吹几杖，不厌北山薇"，直抒胸臆，是承接"衰老甘贫病"进一步作具体描绘。几杖，即拐棍，在此形容衰老；薇，野豌豆苗，可食，在此形容贫困。这两句诗的意思为：在秋风中，我拄着拐棍，并不讨厌到北山上去采薇而食。"秋风吹几杖"，给人以秋风肃杀悲凉之意，照应前面的"衰老"、"贫病"；"不厌北山薇"中的"厌"字，照应前面的"甘"字，再次形象化地表达了诗人随遇而安、知足常乐的思想境界。

　　"难教一物违"是这首诗所要阐明的哲理，然而，全诗说理并不枯燥，而是借物兴意，形象具体，情景相依，情理相融，浑然一体，堪称唐诗中言理的佳作。

# 腊日宣诏幸上苑

唐·武则天

明朝游上苑，火急报春知。

花须连夜发，莫待晓风吹。

武则天（624—705），并州文水（今山西文水东）人，14岁入宫为太宗李世民的才人，号"媚娘"。太宗死，削发为尼。高宗李治时复召入宫为昭仪，永徽六年（655）立为皇后，参决朝政，号为"天后"，与高宗并称"二圣"。弘道元年（683）临朝称制，废中宗李显、睿宗李旦，改国号为"周"，自号"圣神皇帝"，名"曌"（zhào），成为中国历史上空前绝后的唯一女皇帝，定都洛阳，690年至705年在位。她从参与朝政、自称皇帝，到病移上阳宫，前后执政近半个世纪，上承"贞观之治"，下启"开元盛世"，历史功绩，昭昭于世。她的历史功过，恰如她给自己立下的那块"无字碑"一样，只能由历史去作出评论和判断。

武则天是一位名副其实的诗人，《全唐诗》等录有其诗58首，多为庙堂祭奠之作，唯独此诗，充满传奇色彩。

690年，天后武则天自登帝位，改国号为周，是为天授元年。据《唐诗纪事》记载：天授二年腊月初，朝廷中有人想搞政变，在御花园做手脚，谎称"百花齐放"，恭请武则天在腊日（腊八）前去观赏，图谋乘机生擒，逼其交出政权。武则天是何等样人！一下子就识破了阴谋，当下将计就计，提笔写下《腊日宣诏幸上苑》，并派人去宣诏（宣读此诗）：明晨将游上林苑，火速报与春知道。花须当天夜里开，莫要等待晓风吹。一代风流女皇的威仪和气度跃然纸上，真是一副春风得意、万物任由其摆布的样子。腊日：古时岁终祭祀百神之日，梁宗懔《荆楚岁时记》言"十二月八日为腊日"，唐代以大寒后辰日为腊。幸：这里是"临幸"的简词，意即去游赏。上苑：供帝王玩赏、打猎的园林。

第二天，花神奉旨，百花齐放，真是锦绣乾坤，花花世界。群臣十分惊奇，都相信武则天可以驱使花神，乃真命天子，政变者未敢妄动。其实，"百花齐放"是几个政变大臣用作生擒武则天的诱饵，反而成了武则天"皇权天授"的铁证。如果没有政敌的配合，此诗只能表现出"狂妄和异想天开"。有了政敌的配合，此诗就表现了"君临天下，号令万物"的宏大气魄——武则天机警地以一诗固帝位，前无古人，后无来者。

《唐诗纪事》所载天授二年腊日众卿相的阴谋于史无证，所谓令花神催开百花，乃出于政治宣传的需要，实际上是事先有所布置。有大臣为讨好女皇，请她赏花又下旨，把她神化为身有异术，是真命天子。此诗在后世很有名，小说《镜花缘》即由此生发，并演绎为神话故事。

《事物纪原·草木花果·牡丹》云：武后冬月游上苑，花俱开，而牡丹独迟，遂贬于洛阳，故今言牡丹者，以洛阳牡丹为冠。也就是说，武则天以诗下诏，令后苑百花一夜之内全部盛开。众花屈于女皇的淫威，都按时开放；唯独牡丹严守花信，不违时令，抗旨不发。武则天大怒，下令把牡丹贬出长安至洛阳。谁料第二年春天，洛阳漫山遍野灿若彩霞，牡丹花开得更大、更美丽。

　　事物的运动是有规律的，花开花落各有时。在大自然中，不同的植物各有其开花的时令。冬天百花遵从皇上之令而盛开，显然与花木生长的自然规律不符。但是，如果人们掌握了花木的生长规律，就可以改变它们各自所处的环境和条件，如采取温室栽培法，打破它们开花的常规，提早或推迟它们的开花期，让其同时开放、争奇斗艳。这就是人们对客观自然规律的认识与运用，是人的主观能动性的典型表现。

# 行路难（其一、节选）

唐·顾况

冬青树上挂凌霄，岁晏花凋树不凋。
凡物各自有根本，种禾终不生豆苗。

　　顾况（约730—？），字逋翁，苏州（今江苏苏州市）人，或说苏州海盐（今属浙江）人。肃宗至德二年（757）登进士。曾任著作佐郎，后因讽刺权贵，被贬饶州任司户参军。晚年隐居润州延陵茅山，自号华阳山人。工书画，善画山水。长于诗，其诗平易流畅，有"盛唐风骨"。这首诗节选自《行路难》三首中的第一首。

　　"行路难"为乐府《杂曲歌辞》篇名，写世路的艰难和离别的悲伤，唐代诗人多借此抒发情怀。这首诗袭用乐府旧题，主要揭示了一个浅显而深刻的哲理：事物的运动、变化和发展都有其内在的特殊的客观规律性，非外力所能强求。

　　"冬青树上挂凌霄，岁晏花凋树不凋"，是写景，揭示"冬青"与"凌霄"的区别。冬青树，是一种常绿乔木。凌霄，又名紫葳，是一种藤本植物，茎上生有向上攀援的气根，攀附着冬青树的枝干向上生长，似乎要上云霄。岁晏，即岁末寒冬时节。别看凌霄花平时似乎十分妖艳神气，可每当年终岁阑、雪压霜欺之时，它便会枯萎凋零，而冬青树却傲霜斗雪，依旧青枝绿叶、生机勃勃。

"凡物各自有根本，种禾终不生豆苗"，是议论，首句是承接上两句，对"岁晏花凋树不凋"原因的解答。末句是再设比喻，来证明"凡物各自有根本"。诗人在上两句并非讥讽凌霄的趋炎附势，而是借以说明万事万物都有其"根本"，即一事物区别于他事物的特殊本质，正如禾与豆分属不同的种类一样，不能指望播下禾种而生出豆苗来。正因为"凡物各自有根本"，才有"岁晏花凋树不凋"，才有"种禾终不生豆苗"。在此，诗人把理性的分析、判断、推理和所得出的结论，再次用比喻表述出来，使抽象的概念化为具体的形象，不容置疑。

这里节选的四句诗，不仅具有鲜明的形象，而且蕴含着深刻的哲理。

"凡物各自有根本"，揭示了事物的运动、变化和发展有其自身客观规律性的哲理。规律是事物运动过程中固有的、本质的、必然的、稳定的联系，规律具有客观性，是不以人的主观意志为转移的。"凡物各自有根本"，这里的"根本"，就是事物特殊的质的规定性，是事物内在的客观规律性。在共同的考验面前，"岁晏花凋树不凋"和"种禾终不生豆苗"，正是由冬青与凌霄、禾与豆不同的本质属性所决定的，它们的运动、变化和发展是客观规律作用的结果。

"凡物各自有根本"，蕴含着事物的变化是内因和外因的辩证统一的哲理。所谓内因，就是事物的内部矛盾；所谓外因，就是事物的外部矛盾。任何事物的变化，都是内因与外因共同作用的结果。在事物的变化发展过程中，内因是根据，外因是条件，外因要通过内因而起作用。运用内因与外因辩证统一的观点来看，"岁晏花凋树不凋"和"种禾终不生豆苗"，就是由事物的内因所决定的。

　　"凡物各自有根本"，还符合矛盾特殊性的哲理。矛盾的特殊性，是指矛盾着的事物及其每一个侧面各有其特点。矛盾特殊性的表现之一，就是不同事物有不同的矛盾。世界上一切事物之所以千差万别，就是因为各种事物内部的矛盾各有其特殊性，这种特殊性决定了一事物区别于他事物的特殊本质。冬青与凌霄、禾与豆苗的不同，正是事物内部的矛盾各有其特殊性。既然"凡物各自有根本"，我们就必须坚持具体问题具体分析，正确认识事物，运用不同质的方法解决不同质的矛盾。

# 辩证寻思

世界上的一切事物都是普遍联系和变化发展的。联系的观点和发展的观点是唯物辩证法的两个总特征。我们要学会用联系和发展的观点看问题，坚持整体与部分的辩证统一，坚持前进性与曲折性的辩证统一，坚持量变与质变的辩证统一。

矛盾规律即对立统一规律，是唯物辩证法的实质和核心。矛盾的观点是唯物辩证法的根本观点。我们要学会用对立统一的观点看问题，坚持两点论和重点论的统一，坚持对具体问题作具体分析。

行走在纽约曼哈顿街区，我忽然忆起了电视剧《北京人在纽约》的片头题词："如果你爱他，就把他送到纽约，因为那里是天堂；如果你恨他，就把他送到纽约，因为那里是地狱。"在这里，最现代的与最传统的，最先进的与最落后的，最高尚的与最卑鄙的，最激进的与最保守的，最喧嚣的与最沉默的……一切对立的东西都可以相互依存、转化乃至解构。

# 吟冬虫夏草

## 清·蒲松龄

冬虫夏草名符实，变化生成一气通。
一物竟能兼动植，世间物理信无穷。

蒲松龄（1640—1715），清代小说家，字留仙，一字剑臣，号柳泉居士，淄川（今山东淄博）人。蒲松龄19岁时，以县、府、道三个第一考取秀才，颇有文名，但以后屡试不中，72岁时才补了一个岁贡生。他一生秉性耿直，愤世嫉俗，常借狐鬼故事对当时腐败黑暗现象进行抨击。主要著作除誉满中外的短篇小说集《聊斋志异》外，还有文集13卷400多篇，诗集8卷900多首，词100多阕，以及俚曲14种、戏3出、杂著5种。

蒲松龄不仅是清代文学巨匠，而且还是精于中医的名医。这首诗是他因名贵中药材冬虫夏草的神奇变化而咏叹。

冬虫夏草产于我国西南海拔3000米以上的高原，它冬天似蚕，夏天像草。其实，冬虫夏草是虫和菌的复合体。在青藏高原的雪线地带，有一种满身花斑的昆虫，寒冬降临，它的幼虫蛰伏在潮湿而温暖的土里过冬，一种叫虫草菌的菌丝一旦进入幼虫体内，幼虫就会死亡，体腔内的"五脏六腑"都会被菌丝消耗殆尽，逐渐形成一种菌核。来年夏天时，这菌核从虫体的头部长出一根圆棒状的菌体繁殖器官，形状像草。"冬虫夏草"或"虫草"由此而得名。古人错误地认为这种生物在冬天化为虫，夏天由虫化为草。"冬虫夏草名符实"，道出了意识与物质、主观与客观的辩证统一。"名"即意识，"实"即物质。物质决定意识，"实"决定"名"；意识是物质的反映，"名"是"实"的反映；主观必须符合客观，"名"必须符合"实"。显然，"名符实"，符合辩证唯物主义的意识与物质、主观与客观的辩证统一关系。

那么，是什么原因促成冬虫夏草产生这种变化呢？诗人认为，"变化生成一气通"。"气"决定了冬虫夏草的产生和变化。古人认为，"气"是世界万事万物的本原，是一种极细微的物质。"气"无形无象，恍恍惚惚，视之不见，听之不明，搏之不得，人无法直接感知它。它在诗人眼里是神秘不可捉摸的。冬虫夏草是由"气""变化生成"的，这既是一种朴素的唯物主义观点，又肯定了事物是运动和变化的。

"一物竟能兼动植"，确切地道出了"冬虫夏草"的属性。"冬虫夏草"作为"虫"，属于动物；作为"草"，则属于植物。一个生物竟既为动物，又为植物，事物的变化是多么复杂啊！一个"竟"字，体现了事物的奇异玄妙，更反映了"气"的神奇功能。一个"兼"字，则体现了动物与植物的客观联系，说明了事物联系的普遍性和客观性以及整体与部分的辩证统一。

古希腊哲学家亚里士多德曾说："古往今来人们开始哲理探索，都应起于对自然万物的惊异。一个有所迷惑与惊异的人，每每惭愧自己的愚昧无知，他们探索哲理的目的就是为了脱出愚蠢。"诗人惊讶于那奇异的冬虫夏草，发出了悠长的感叹："世间物理信无穷。"世界上的万事万物实在是变化无穷啊，我们又怎么能穷尽这世间的一切事物呢？这是因为人们认识的对象是无限的、变化着的物质世界，作为认识主体的人类是世代延续的，作为认识基础的社会实践是不断发展的，因此，人类认识是无限发展的，人类永远无法穷尽世界上的一切事物及其发展规律。然而，正因为"世间物理信无穷"，世界才永远在我们面前闪烁着神秘、迷人的光彩，人类才永远昂扬地鼓起风帆向前迈进，生活才因此变得精彩而有意义。"世间物理信无穷"，追求真理是一个永无止境的过程。"路漫漫其修远兮，吾将上下而求索！"

# 断 章

现代·卞之琳

你站在桥上看风景，
看风景的人在楼上看你。

明月装饰了你的窗子，
你装饰了别人的梦。

卞之琳（1910—2000），笔名季陵，我国著名诗人、翻译家、文学研究家，20世纪30年代中国文坛"现代派"诗歌的重要代表人物。祖籍江苏溧水。1933年毕业于北京大学英文系，曾先后任职于北京大学、北大文学研究所、中国社会科学院外文所等机构，主要从事外国文学的研究、评论和翻译。卞之琳的"诗歌篇篇独具创意，落笔生花，由平实语言精炼出新的感性，提供近代新诗助长的养分。承先启后，功不可没……"

《断章》写于1935年10月，原为一首长诗中的片段，诗人将其独立成章，因此标题名为《断章》。这是中国现代文学史上意蕴丰富而又朦胧的著名短诗。

初读这首诗，首先感觉就是语言精练朴素，意境清新自然，使人如饮醇酒，如沐春阳，眼前幻化出一幅美妙的画面：一个风和日丽的日子，"你"，立于桥上，惬意地望着四周静谧的一切，小桥、流水、清风、岸柳……看着看着，就如痴如醉、心醉神迷、浑然忘我。她，立于钟楼之上，含情脉脉，望着看风景的"你"……"你"在不经意间成为了岸边楼上"看风景人"眼中的另一道风景。夜深人静，"明月装饰了你的窗子"，楼上"看风景人"还在梦中深情地重温着看风景的"你"，"你"成了"别人"梦中的风景。

短短的四句话，似乎是那样的平淡，但这种平淡中有着一种美感，美感中又蕴含着深邃的哲理。当代著名诗人余光中就认为，这"是一首耐人寻味的哲理妙品"，能使人产生多种诠释和联想。

有学者很看重这"装饰"二字，认为这是"诗人对于人生的解释"。"装饰"本身就是将有缺陷的东西变得更加完美。"明月装饰了你的窗子，你装饰了别人的梦。"在这里，"装饰"二字暗示着人生不过是互相装饰，其中蕴含着一种无可奈何的悲哀情怀，诗面呈浮的是不在意，暗地里却埋着说不尽的悲哀。

卞之琳先生在《关于〈鱼目集〉》中是这样解释的："这是抒情诗……是以超然而珍惜的感情，写一刹那的意境。我当时爱想世间人物、事物的息息相关，相互依存、相互作用。人（你）可以看风景，也可能自觉、不自觉点缀了风景；人（你）可以见明月装饰了自己的窗子，也可能自觉不自觉地成了别人梦境的装饰。"并强调："'装饰'的意思我不甚着重，正如在《断章》里的那一句'明月装饰了你的窗子，你装饰了别人的梦'，我的意思也是着重在'相对'上。"这首诗中的意象可以简化为：你（看）——人（看）——风景，明月（装饰）——你——（装饰）人。"你"站在桥上看风景，"你"是主体，风景是被看的客体；同时，在楼上人的注目下，"看风景的人"成为主体，"你"作为风景的组成部分，成为了客体。第二节同然，"你"是"窗边月色"图中的主体，明月作为装饰是服务于"你"的客体。同时，"你"进入了"别人"的梦境，做梦的"别人"是主体，"你"因装饰了别人的梦境而变成了客体。在此诗中，"看"与"被看"、"装饰"与"被装饰"，即主体与客观是相对的，是互为关联的。诗人通过两组相关联的意象，将刹那的感觉升腾为深邃的慧思，将主体与客体辩证地统一起来，传达了诗人智性思考所获得的人生哲理：宇宙万物息息相关，互为依存，相互影响，相互作用。一切事物都不是孤立的，而是与其它事物相对关联而存在的。事物普遍联系与变化发展是永恒的客观规律。

这首诗是以事物之间变幻而神奇的关系牵动人的情思，打动人的灵魂，实现其审美价值的。在诗中，诗人以其敏锐的悟性发现和展示了事物之间错综复杂、千丝万缕的关系，其中既有显性关系，又有隐性关系。从事物的表面关系来看，诗中的显性关系有：物与物的关系，如景与桥，桥与桥，月与窗；人与物的关系，如"你"与风景，"你"与桥，"你"与明月，"看风景的人"与楼，"看风景的人"与桥；人与人的关系，如桥上人与楼上人，赏月人与做梦人。从更深层次来看，诗中的隐性关系有：人与人、人与物之间的主体与客体关系，主动与被动关系，人与人之间的交流关系，以及所有事物之间的相对关系等。读《断章》这首诗，犹如欣赏一道风景，欣赏一道世界万物和谐之美的永恒风景。用当下的眼光来看，《断章》是和谐社会的艺术写照，告诉我们应追求的目标是：人与自然，和合共生；人与他人，和睦相处；人与自身，和善为上。

有人认为，此诗之妙，尽在组织。组织者，结构也。用系统论的观点来看，决定系统功能的，既是系统的要素，更是系统的结构。系统作为一个整体，具有每一个要素都不能单独具备的功能，系统的各要素总是按照一定的顺序和方向发生作用。系统内部结构的有序、优化，能使整体具有部分并不具备的新功能，整体的功能不是等于而是大于其部分之和。因此，有序、优化、巧妙的结构可以给读者以暗示和启发，让读者悟出一些字面上没有说出的更深沉、更微妙的东西。这首诗共四行，展示了四个不同的镜头，摄取的分别是生活中常见的各自独立的画面。诗人把四个镜头分为两组并蒙太奇式地组合在一起，人、桥、楼、风景、明月、窗子、梦相互依存，融会贯通，构成了一个整体，便具有了深厚的思想内涵，使读者在诗的各个要素和层次的转换与聚合之间获得观察世界的方式，即用联系的观点看问题。

这是一首极具张力与魔力的诗作，诗中有画、画中有诗、诗中有理，清新而朴实，精致而睿智。它之所以会具有经久不衰的艺术魅力，其原因之一就是清新的自然美与深邃的哲理美达到了水乳交融般的和谐统一。

# 赋得古原草送别

唐·白居易

离离原上草，一岁一枯荣。
野火烧不尽，春风吹又生。
远芳侵古道，晴翠接荒城。
又送王孙去，萋萋满别情。

　　这首诗又题为《草》，是为友人送别之作。所谓"赋得"，是"赋"诗得"题"的意思。古时，凡是指定、限定的诗题要在题目上加"赋得"二字。此诗为作者16岁时准备科举考试的习作，故依制用"赋得"二字。全诗结构严谨，格调清新，以茂盛的古原草作比喻，咏物抒怀，抒发了与友人离别的不舍之情，反映了作者积极进取的精神。

　　"离离原上草，一岁一枯荣"，紧扣题目，实赋"草"字，描绘出了一幅古老郊原上野草繁茂的画卷。"离离"是用来描写野草繁茂的状态，"原"是写地域广袤，二者搭配在一起，给人一种开阔、一望无垠之感。次句进而描绘古原草冬枯春荣、岁岁循环、生生不已的自然现象。虽然"荣"、"枯"并举，却落脚于"荣"，表明在诗人的审美意识中，"荣"是主要的、本质的。春"荣"冬"枯"，是"原上草"的特点。诗人颠倒"一岁"之中先"荣"后

"枯"的顺序而作"枯荣",既表现了"原上草"顽强的生命力,又在读者面前展开了春草"离离"、一望无垠的画卷。两个"一"字复叠,形成咏叹,表达了一种生生不已的情味。

"野火烧不尽,春风吹又生",是"枯荣"二字的发展,由概念变为形象、壮观的画面。你看那野草的生命力是多么顽强,不管熊熊的烈火怎样无情地焚烧,也熄灭不了它的生机。只要根还在,来年春风一吹,野草便会复苏,以迅猛的长势,重新铺盖大地,茫茫一片。"烧不尽"、"吹又生",语言朴实有力,寓意深刻,不仅形象生动地展示了野草顽强的生命力,而且揭示了大自然生生不已的客观规律,同时象征着朋友之间的友情如生生不已的春草一样长存,象征着人在逆境中要有一股顽强拼搏、奋发向上的精神。

"远芳侵古道,晴翠接荒城",进一步渲染"古原草"的无限生机,为"送别"作好铺垫。"远芳"、"晴翠"都是写草,而且比"原上草"意象更具体、生动。出句从嗅觉方面落墨:芳曰"远",意为清香弥漫可嗅,传播很远。这香气,从"原"上散发,直侵入伸向天边的"古道"。对句从视觉方面着笔:翠曰"晴",意为绿草沐浴着阳光,秀色如见。这绿色,从"原"上延展,直连接遥远的荒城。虽然道古、城荒,但春草的滋生却使"古道"、"荒城"恢复了青春,显得生气勃勃。而"侵"和"接"更写出了春草的蔓延扩展之势,再一次突出那生存竞争之强者——野草的形象。这10个字,把经受野火焚烧的"原上草"写得是何等色香兼备、气势磅礴!

"又送王孙去,萋萋满别情",点明"送别"的本意。大地春回,芳草芊芊的古原景象如此迷人,而此时的送别,该是多么令人惆怅,又是多么富于诗意啊!"王孙"犹言"公子",指贵族子弟,也是游子的别称。典出《楚辞·招隐士》:"王孙游兮不归,春草生兮萋萋。"这里指代即将远行的友人。萋萋：芳草茂盛的样子。这两句诗的意思是：又要在此送别朋友离家远游，那茂盛的春草也好像充满了离别之情。古原、草、送别融为一体，情景交融，意境浑成，韵味无穷。

全诗立意新颖，构思巧妙，格律精工，章法严谨，用语流畅，描写生动，情景交融，风格隽永，在"赋得体"中堪称绝唱，尤其是"野火烧不尽，春风吹又生"因极富哲理性，故成为千古名句，脍炙人口。

"野火烧不尽，春风吹又生"，歌颂了野草顽强的生命力，反映了自然规律的客观性。自然界中的事物是按照自身所固有的规律形成和运动的，而自然规律是客观的，是不以人的主观意志为转移的，它既不能被创造，也不能被消灭。野草自有其生长的客观规律，只要"把根留住"，随着春风化雨，就会顽强地钻出地面，绿遍原野，欣欣向荣。因此，野草的"枯""荣"变化、"烧不尽"和"吹又生"道出了自然规律的不可抗拒性。

"野火烧不尽，春风吹又生"，写春草的顽强旺发，于写景中阐释生生不已的生活哲理，借赞美春草的生命力而赋予友人以坚定的信念，并以草铭志：无论出现什么困难和问题，我们的友情都会像这春草一样枯而复荣，生生不已！

"野火烧不尽，春风吹又生"，还为读者留下了广阔的想象空间。每当人们吟诵这两句诗，自然就会联想到一条颠扑不破的真理：新生事物是不可战胜的，新陈代谢是宇宙间不可抗拒的客观规律。世界上的事物都是运动、变化、发展的，事物发展的总趋势是前进的，即事物发展的前途是光明的。新事物是符合客观规律、具有强大生命力和远大前途的事物。新事物的成长是一个由小到大、由弱到强、由不完善到比较完善的发展过程。新事物战胜旧事物，必然要经过反复的较量和斗争。但任何力量也阻止不了新事物的成长壮大，新事物总有一天会战胜旧事物。

"野火烧不尽，春风吹又生"，不仅传神地描绘了野草无比顽强的生命力，而且警示我们人类要像野草一样保持顽强的生命力，去战胜人生旅途中的一切困难和挫折，创造自己美好的人生。野草枯而复荣，蔓延伸展，生生不已，这种"野草精神"不正是我们人类应当学习的吗？在人生道路上，任何人都不可能一帆风顺，困难和挫折总是难免的，为此，我们要坚定信念，充满信心，要坚信前途是光明的，同时要有坚忍不拔、顽强拼搏、自强不息、积极进取的精神，排除各种外界的干扰乃至摧残，向着正确的人生目标迈进。

让我们高歌一曲："离离原上草，一岁一枯荣。野火烧不尽，春风吹又生……"

# 酬乐天扬州初逢席上见赠

唐·刘禹锡

巴山楚水凄凉地，二十三年弃置身。

怀旧空吟闻笛赋，到乡翻似烂柯人。

沉舟侧畔千帆过，病树前头万木春。

今日听君歌一曲，暂凭杯酒长精神。

这首《酬乐天扬州初逢席上见赠》是唐代著名诗人刘禹锡的名作。千百年来，它一直以其积极的思想意义和强烈的艺术感染力为人们所喜爱和传诵。

唐敬宗宝历二年（826），刘禹锡被罢去和州刺史，奉诏返洛阳，与白居易在扬州相逢。在筵席上，白居易写《醉赠刘二十八使君》相赠，对刘禹锡长期遭受贬谪深表同情与不平。于是刘禹锡写了此诗回赠白居易。酬，以诗答谢之意。乐天，白居易的表字。扬州初逢席上，是指在扬州第一次相逢的筵席上。见赠，指白居易赠诗于我。这首诗为答谢白居易而作，抒发了诗人被贬谪的悲愤心情和感受，但表现出不甘沉沦、奋发昂扬的乐观精神。全诗言简意深，起伏跌宕，愤激而不浅露，惆怅而不颓废，感慨而不低沉，是酬赠诗中的优秀之作。

首联直抒胸臆，以"巴山楚水"的地域与"二十三年"的时间概述自己被贬谪、遭弃置的坎坷遭遇。刘禹锡因积极参加王叔文领导的政治革新运动而遭受迫害，先被贬到朗州（今湖南常德），再贬连州（今广东连县），调夔州（今重庆奉节）、和州（今安徽和县），一直未离谪籍。夔州秦汉时属巴郡，朗州战国时属楚地。楚地多水，巴郡多山，"巴山楚水"泛指这些谪居之地。"二十三年"，指刘禹锡从顺宗永贞元年（805）被贬至宝历二年（826）返回京城洛阳的时间。"巴山楚水凄凉地，二十三年弃置身。"我谪居在巴山楚水这些偏僻、凄凉的地方，二十三年来被抛弃、闲置，无所作为。"凄凉地"，指偏僻、凄凉的地区。"弃置身"，指被抛弃、闲置的人。"凄凉地"和"弃置身"，极富感情色彩，饱含着诗人无限的辛酸，淋漓尽致地表达了抑制已久的愤激之情。

领联由昔而今，运用典故，写归来的感触与心情。"怀旧空吟闻笛赋，到乡翻似烂柯人。"如今回来，许多老友已逝，只能徒然地吟诵"闻笛赋"来表示无尽怀念。家乡人事全非，不再是旧日的光景，我就像那"烂柯人"返回故里时一样，恍若隔世。怀旧，是怀念旧友。空吟，是徒然吟诵。"闻笛赋"，指向秀的《思旧赋》。西晋时，向秀与嵇康是好朋友，嵇康因不满司马昭专权而被杀。有一次，向秀经过嵇康的旧居，听见邻人吹笛，倍感伤怀，写了一篇《思旧赋》来悼念亡友。"烂柯人"的典故见《述异记》：相传晋朝人王质入山砍柴，误入仙境，见两个童子下棋，看棋至局终，发现手持的斧头柄（即"柯"）已经腐烂。王质下山回到家乡，同辈人都已去世，原来世上已过一百多年。诗人在此连用两个典故，贴切自然，感情深沉。借用"闻笛赋"的典故，寄托了作者对因参与政治变革而被害致死的老友的怀念。借用"烂柯人"的典故，既暗示了自己遭贬谪时间的长久，又表达了对世态变迁的感叹和怅惘的心情。

颈联借景达意，直接抒发诗人遭遇坎坷后不甘沉沦、旷朗达观的心情。"沉舟侧畔千帆过，病树前头万木春。"沉舟之畔，仍然有百舸争流、千帆竞发；病树前头，仍然有姹紫嫣红、万木争春。诗人以"沉舟"、"病树"比喻自己的坎坷失意，以"千帆过"、"万木春"比喻那些新贵们仕途得意，是对白居易赠诗"举眼风光长寂寞，满朝官职独蹉跎"的答语，本是诗人感叹身世的愤激之语。这一联的本意是："我"被贬谪在那些荒凉之地，虚度了宝贵年华，好似"沉舟"一样被埋没，恰如"病树"一样落魄，而一些新贵们则似千帆竞发、万木逢春，官运亨通，得志显荣，但也不必为我的"长寂寞"、"独蹉跎"而愤慨不平。这是一种借助具体形象进行对比的手法，是冷与热、枯与荣的对比，是以自己处境凄凉与他人地位显赫进行对比。通过对比，反映出诗人对宦海沉浮、岁月坎坷的豁达襟怀。

尾联画龙点睛，点明酬答的题意，结束全诗。"今日听君歌一曲，暂凭杯酒长精神。""君"，您，指白居易。"歌一曲"，指白居易写的《醉赠刘二十八使君》这首赠诗。此联的意思是：今天听了您为我吟诵的诗歌，不胜感慨，让我们暂且畅饮这杯美酒，振奋精神，投入到新的生活中去吧！以意味深长的"长精神"作结，洋溢着诗人乐观豁达、坚忍不拔、积极进取的情怀。

诵读这首名诗，我们似乎听到一位饱经沧桑的老人对时光流逝、人生易老的慨叹，真切地感受到一位老而弥坚的斗士乐观进取的精神，更能领悟到一种发人深省的深刻哲理。"沉舟侧畔千帆过，病树前头万木春"，形象生动，比喻新颖，用语精工，后人在引用时，一反原诗之意，赋予了它新的意义，用以说明事物发展的前途是光明的，新事物必然战胜旧事物。这是在新的时代条件下，对古诗哲理意义的再创造。唯物辩证法认为，世界上的一切事物都是运动、变化和发展的。发展的实质是事物的前进和上升，是新事物的产生和旧事物的灭亡。新事物是符合客观规律、具有强大生命力和远大前途的事物，它在旧事物的母体中孕育产生，克服了旧事物中消极的、过时的和腐朽的东西，汲取了其中积极的、合理的因素，并增添了为旧事物所不能容纳的新内容，因而具有旧事物所无可比拟的优越性。旧事物违背事物发展的必然趋势，因而最终会走向灭亡。因此，新事物必然战胜旧事物，新陈代谢是宇宙间不可抗拒的规律。

在中国古典诗词中，"芳林新叶催旧叶，流水前波让后波"（刘禹锡《乐天见寄伤微之、敦诗、晦叔三君子，皆有深分，因成诗以寄》）、"野火烧不尽，春风吹又生"（白居易《赋得古原草送别》）、"长风破浪会有时，直挂云帆济沧海"（李白《行路难》）、"两岸猿声啼不住，轻舟已过万重山"（李白《早发白帝城》）、"千门万户瞳瞳日，总把新桃换旧符"（王安石《元日》）、"等闲识得东风面，万紫千红总是春"（朱熹《春日》）、"春色满园关不住，一枝红杏出墙来"（叶绍翁《游园不值》）、"青山遮不住，毕竟东流去"（辛弃疾《菩萨蛮·书江西造口壁》）、"尔曹身与名俱灭，不废江河万古流"［杜甫《戏为六绝句》（其二）］等诗句，堪称千古佳句，与"沉舟侧畔千帆过，病树前头万木春"有异曲同工之妙，都蕴含着"新生事物不可战胜、事物变化发展的客观规律是不以人的主观意志为转移的"之哲理。

# 过松源，晨炊漆公店（其五）

宋·杨万里

莫言下岭便无难，赚得行人错喜欢。

正入万山圈子里，一山放出一山拦。

 

杨万里（1127—1206），宋朝杰出诗人。诗与尤袤、范成大、陆游齐名，并称"南宋四大家"。此诗是诗人于绍熙三年（1192）在建康江东转运副使任上外出记行之作。松源、漆公店，均为地名，在今皖南山区。组诗共六首，这里所选的是第五首。

"莫言下岭便无难，赚得行人错喜欢"，是议论，为后面的描写埋下伏笔，留下悬念。首句劈空而来，给人以当头棒喝："莫言下岭便无难"。这一句看似平常，却极富内涵。一般而言，上山的攀登过程是艰辛的，而下岭后顿感轻松，很少想到山外有山、岭外有岭的情况。因此，"下岭便无难"的判断是错误的。"莫言"二字，是自诫，也是诫人，表达了诗人对"下岭后便没有困难了"的普遍心理的否定。第二句用十分风趣幽默的语言，对首句的议论加以补充和深化。一个"赚"字，一个"错"字，把行人在山岭间跋涉的刹那感受写得惟妙惟肖，明确告诉人们：不要以为下了山岭之后就再也没有难走的路了。"无难"的认定是行人的主观错觉造成的。不过，诗人在此只是点出而没有说破，给人留下了悬念，使后两句的出现更加引人注目。

"正入万山圈子里，一山放出一山拦"，是写实，是描述，形象地揭示翻山越岭的艰难，对前两句留下的悬念进行解释：当你兴致勃勃地攀登过一道山峦，以为目的地就要到了，可是，一山刚过，一山又横亘在面前，拦住了前进的道路，原来自己正处在万山重重包围之中，所面临的是"一山放出一山拦"。山本无知，但诗人采取拟人化的手法，运用"放"和"拦"两个字，赋予了"万山"以生命和灵性。它们好像故意刁难行人似的，设置了层层叠叠的圈套，一处把行人"放"过，一处又把行人"拦"住。而行人的种种心情——失望、意外、惊诧，直至恍然大悟，都在这一"放"一"拦"的重复中透露了出来。

这首诗所用皆为俗语，通俗易懂，但形象生动，意趣盎然，极富哲理，能使人联想到生活中的类似现象，唤起类似的体验，从而给人以鼓舞的力量和哲理性的启示。

我们的世界是充满着矛盾的世界。矛盾无处不在，无时不有，矛盾具有普遍性和客观性。矛盾存在于一切事物之中，并且贯穿于每一事物发展过程的始终。每一事物从产生到灭亡都存在着自始至终的矛盾运动。在事物的发展过程中，旧的矛盾一解决，新的矛盾就会产生，又开始新的矛盾运动。在新旧矛盾之间绝对不存在哪怕是一刹那的无矛盾的状态。不认识到这一点，就会否定事物的变化和发展。在行人翻山越岭的过程中，困难即矛盾，克服困难即解决矛盾。经过艰难的登攀，成功地迈过一座山峦，实在是骗得行人空喜欢一场。殊不知，"正入万山圈子里，一山放出一山拦"。身处崇山峻岭之中，翻越过一座山峦，不意味着又要去登攀另一座山峦吗？因此，我们要勇往直前，要有过了一山再过一山的顽强毅力，要承认前进道路上的困难和矛盾，不断地克服困难和解决矛盾，突破一个又一个的艰难险阻，脚踏实地，一步一个脚印地努力向前迈进。

事物的发展是前进性和曲折性的辩证统一。事物发展的总趋势是前进的，道路是曲折的。在前进中有曲折，在曲折中向前进，是一切事物发展的途径。在人生道路上，我们既要对未来充满信心，又要准备走曲折的路。人生的道路并不是平坦的，如同行走在崇山峻岭之中，越过了一山峦又会有另一山峦阻拦。人生在世岂"无难"？没有"难"的生活在现实社会中是不存在的。人生就是不停地与"难"作斗争，不断地克服困难与挫折的过程。在顺利、成功之时，我们不能盲目乐观，陶醉于暂时的成功和喜悦，赚得"错喜欢"，而应当居安思危，充分估计未来前进道路上的困难和挫折，准备走曲折的路。在困难和挫折面前，我们要坚信前途是光明的，坚信"世上无难事，只要肯登攀"，在尊重客观规律的基础上，充分有效地发挥人的主观能动性，满怀信心地战胜困难和挫折，向着正确的人生目标迈进。

# 题乌江亭

唐·杜牧

胜败兵家事不期，包羞忍耻是男儿。

江东子弟多才俊，卷土重来未可知。

杜牧（803—853），字牧之，京兆万年（今陕西西安）人。唐代诗人。擅长诗文，诗风豪爽清丽，尤工绝句。后人称其为小杜，与李商隐并称"小李杜"，足见杜牧在中国文学史上的地位。

唐文宗开成四年（839），杜牧结束在南方十余年的漂泊生涯，由宣州赴京，经过乌江亭，一时感慨万端，写下了这首咏史诗。

乌江亭即现在安徽和县东北的乌江浦，是西楚霸王项羽自刎之处。《史记·项羽本纪》记载：项王兵败垓下，逃到乌江边时，随从仅剩28人，而追兵则有数千之众，形势十分危急。此时，乌江亭长预备好了船只，并对项王说："江东虽小，地方仅千里，人口只有几十万，也足以让您称王。请大王快上船回江东吧！"项王只是苦笑，说："老天注定要我灭亡，我还乘船干什么？况且，当初我和八千江东子弟一起渡江向西进军，如今无一人生还。即使江东父老兄弟因怜悯而仍推我为王，我又有何脸面去见江东父老兄弟呢？"最后，自刎而亡。

这首诗针对项王兵败自刎的史实，表达了诗人对胜败得失、历史盛衰的看法，警醒世人要正确对待失败，包羞忍耻，总结教训，集结力量，以期卷土重来。

起句直截了当地指出：胜败乃兵家之常事，是由多方面因素决定的，事先难以预料。"事不期"，是说胜败的事难以预料。这一句暗示"对于战争的胜败，关键是以何种心态来对待"，为下面的论断作好了准备和铺垫。

次句承接上句，提出自己的见解：面对战争的胜败，真正的"男儿"（即英雄），既要能披坚执锐，称王称霸，又要"包羞忍耻"，在失败时伺机而起。在挫折与失败面前，能够忍辱含垢，才是真正的男子汉。留得青山在，不怕没柴烧！项王垓下一败便灰心丧气，含羞自刎，怎么算得上真正的"男儿"呢？字里行间，颇有揶揄之意。

第三句是对乌江亭长所言"江东虽小，地方千里，众数十万人，亦足王也"的艺术概括。在诗人看来，江东是广阔、富饶之地，人才济济，英杰辈出，项王应当返回故里，重新集结江东弟子。这是对项王"卷土重来"客观条件的分析，为末句提供重要依据。然而，项王爱慕虚荣，富贵时欲衣锦还乡、显宗耀祖；兵败后，顿感"无面见江东父兄"，自责自愧。因此，宁肯自刎身亡，也"不肯过江东"。

末句急转直下，一气呵成，提出了诗人的独特见解：项王失败之后，如果能够正确面对失败，包羞忍耻，重返江东，集结力量，再整旗鼓，与刘邦血战到底，楚汉之争的胜负还真难说呢！可惜项王却不是一个真正的"男儿"，草率地以自刎结束了自己的生命。以往人们都很欣赏项王"无面见江东父兄"一语，认为项王自刎是其英雄气节的表现，是大丈夫的作为。这在诗人李清照的《夏日绝句》中也有反映："生当作人杰，死亦为鬼雄。至今思项羽，不肯过江东。"活着要做人中的豪杰，死了也要做鬼中的枭雄。人们至今思念着项羽，就是因为他宁肯拔剑自刎也不愿渡江苟活。从气节角度来看，项王可以说是一位英雄，为众江东父老兄弟免遭涂炭，自刎身亡，虽败犹荣。李清照对项王慨然赴死，是肯定和敬仰的。而杜牧对项王自刎之举，既有惋惜，又有批评，体现了诗人的独特见解。

这是一首咏史诗，其可贵之处，不仅仅在于通过28个字的绝句为后世留下了"包羞忍耻"、"卷土重来"两个成语，也不仅仅在于它一反传统，揭示了项王失败的主观原因，还在于它借史抒怀，有感而发，充满哲思，能警醒世人。

世界上的一切事物都是变化发展的，事物的变化发展在于事物内部矛盾双方的对立统一。矛盾是事物发展的根本动力。在战争中，胜与败作为矛盾的两个方面，既相互排斥、相互对立，又相互吸引、相互联结。在一定条件下，胜与败是可以向着相反的方向转化的。当然，矛盾双方的转化是现实的、有条件的，而不是虚幻的、任意的。没有一定的条件，矛盾双方是不可能实现转化的。我们常说"失败是成功之母"，这是有条件的。要实现由前者向后者的转化，必须善于分析导致失败的原因，吸取失败的教训，并且在实际行动中加以改正。项王正是由于不敢面对失败，不能包羞忍耻，不善于总结失败教训，且采取了错误的行为（自刎），最终丧失了卷土重来的机会。这说明：失败并不可怕，失败了，如果能包羞忍耻，总结教训，重整旗鼓，继续战斗，就可能转败为胜。可见，"败不馁"是何等重要啊！

事物的矛盾具有普遍性和客观性，它要求我们坚持矛盾分析的方法，全面、一分为二地看问题。项王的失败是多方面的主客观因素综合作用的结果，理应全面地总结其历史教训。项王始终认为，自己"力拔山兮气盖世",力大无比,英雄气概举世无双,只是由于"时不利"、"天之亡我",才导致了四面楚歌,兵败垓下。项王将失败归之于"时不利"、"天之亡我",根本没有从自己身上寻找原因,可谓至死不悟。因为"胜败兵家事不期",关键在人,在于主观能动性的发挥,在于是否有包羞忍耻的胸怀、百折不挠的精神、发奋图强的意志。这首诗借古抒怀,有感而发,指出了项羽失败的主观原因,提出了"兴废由人"的历史哲学观点。

事物的发展是前进性和曲折性的辩证统一。我们既要坚定信念,坚信前途是光明的,又要看到道路是曲折的,准备走曲折的路。在人生的道路上,要做到"胜不骄,败不馁"。在遇到困难和挫折时,要正确发挥主观能动性,在尊重客观规律的基础上,努力创造条件,促使事物向好的方面转化。曾几何时,如日中天的项王越万里关山如履平川,斩敌将首级如探囊取物,一夜间坑杀秦兵20万,"入关又纵阿房炬",自立为西楚霸王。然而,项王能胜不能败,垓下一败,斗志销铄,自责自愧,最终自刎身亡。其原因之一,就是不敢正视失败,不能包羞忍耻。因此,我们要敢于正视困难、挫折,坚信前途是光明的,努力发挥自己的主观能动性,满怀信心地去战胜困难和挫折,努力创造灿烂而辉煌的人生。

项王是一位英雄,但他却是一个失败的英雄。兵败自刎,无疑是人生的一大悲剧。诗人咏史抒怀,要告诉我们的就是:面对困难、挫折和失败,要包羞忍耻,化逆境为动力,努力创造东山再起、卷土重来的奇迹。

"有志者,事竟成,破釜沉舟,百二秦关终属楚。苦心人,天不负,卧薪尝胆,三千越甲可吞吴。"让我们以清代蒲松龄的这副励志联互勉!

# 杂　诗（节选）

### 三国　魏·应璩

细微可不慎，堤溃自蚁穴。

腠理早从事，安复劳针石。

哲人睹未形，愚夫暗明白。

曲突不见宾，焦烂为上客。

　　应璩（qú）（190—252），字休琏，三国时魏国文学家，汝南（今属河南）人。博学好作文，善于书记。官至侍中、大将军长史。大将军曹爽擅权时，应璩曾作《百一诗》讽劝。其诗善为古语，通俗质朴，独立不惧，多切时要，雅意深笃，世共传之。《百一诗》原有集十卷，已散佚，今仅存数篇。

　　应璩所作"杂诗"，亦名"新诗"。诗题作"杂诗"，实为杂感，虽然缺少一定的形象和意境，但以说理见长，运用一系列比喻和典故来说明主题，耐人寻味。

　　"细微可不慎，堤溃自蚁穴"，开宗明义，揭示主题：细微之处不可不慎重对待，因为大堤的崩溃可能是由小小的蚁穴引起的。"千里之堤，毁于蚁穴"的教训早已有之，后人也有论述，不过，诗人在此是用诗的语言来阐述的，值得一读。《韩非子·喻老》中有："千丈之堤，以蝼蚁之穴溃。"汉代的陈宠在《清盗源疏》中云："臣闻轻者重之端，小者大之源，故堤溃蚁孔，气泄针芒，是以明者慎微，智者识几。"清朝的纪昀在《阅微草堂笔记》中也提到了这个观点："千金之堤，溃于蚁漏，有罅（xià）故也。"唐朝的元稹也曾以《蚁》为题赋诗："时术功虽细，年深祸亦成。功穿漏江海，蚕食困蛟鲸。敢惮榱（cuī）梁蠹（dù），深藏柱石倾。寄言持重者，微物莫全轻。"这首诗通过小小蚂蚁造成的巨大危害，说明事物量的积累可以引起质的变化，告诫人们切莫轻视事物细微的变化，以致酿成大祸。

"腠理早从事，安复劳针石"，是用治病作比喻，说明要注意把握解决问题的时机，及时处理。腠（còu）理，是中医学名词，指皮肤的纹理和皮下肌肉之间的空隙，是血液流通灌注之处。从事，是指医治。安，是哪里的意思。针石，古代治病用具。这两句的意思是：当人的身体患病时，如果早早医治，哪里还用得着针石治疗呢？

"哲人睹未形，愚夫暗明白"，说明哲人与愚人观察事物的区别。哲人，旧时指才能、见识超越寻常的人。这两句的意思是：聪明的人在事情没有发生时就会有所察觉，愚蠢的人对于明显的错误也看不明白。

"曲突不见宾，焦烂为上客"，是引用典故，说明要注意事物细微之处和及早预见事物的发展。曲：弯曲。突：烟囱。宾：客人。据《汉书·霍光传》记载：一个客人见主人家烟囱笔直，且旁边有积薪（柴草），便建议把烟囱改成弯曲的，并把柴草搬走，主人未采纳这一建议。不久，主人家果然失火，幸得邻里相助扑灭大火。主人设宴，把在救火中被烧得焦头烂额的人置于上座，其他人以功排座，却唯独不请建议他"曲突徙薪"的人。后经大家说服，才请其入席。这两句是承上联而来，说明聪明的客人善"睹未形"，而愚蠢的主人对形成之事也视而不见。

"细微可不慎，堤溃自蚁穴"，本是诗人警告执政者防患于未然，后来成了启示人们要防微杜渐的至理名言，蕴含着事物量的变化可能引起质变的哲理。

唯物辩证法认为，量变和质变是事物发展过程中两种不同的状态。量变是指事物数量的增减和场所的变更，是一种渐进的、不显著的变化。质变是指事物根本性质的变化，是事物由一种质态向另一种质态的飞跃，是一种根本的、显著的变化。事物的发展总是从量变开始，量变是质变的必要准备，质变是量变的必然结果；质变又为新的量变开辟道路，使事物在新质的基础上开始新的量变。事物的发展就是这样由量变到质变，又在新质的基础上开始新的量变，如此循环往复，不断前进。

量变与质变辩证统一的原理要求我们，要重视事物量的积累。"勿以恶小而为之，勿以善小而不为。"凡是有益于社会、有益于他人、有益于个人全面发展的善的思想与行为，无论多小，我们都要日积月累，持之以恒；凡是对社会、对他人、对自己健康成长有害的恶的思想与行为，无论多微，我们都要坚决抵制，防微杜渐。在量变已经达到一定程度、只有改变事物原有的性质才能向前发展时，要"睹未形"，科学预见事物的未来发展趋势，果断地抓住时机，促成质变，实现事物的飞跃和发展。

# 入若耶溪

南朝·王籍

舲艎何泛泛，空水共悠悠。
阴霞生远岫，阳景逐回流。
蝉噪林逾静，鸟鸣山更幽。
此地动归念，长年悲倦游。

王籍（？—约536），字文海，琅琊沂（今山东省临沂县北）人，南朝梁代诗人。博闻好学，充满才气，性喜山水，诗风工妙。

若耶溪，在今浙江省绍兴县南若耶山下。此地青山叠翠，绿树葱茏，溪水清碧，风景优美，曾引无数文人墨客泛舟览胜，留下了许多赞美的诗篇。这首诗是王籍任湘东王参军时游若耶溪而作。

首联直扣题面，由近及远，交代诗人泛舟若耶溪寻幽探胜。舲艎（yú huáng）：古时的一种木船。泛泛：随水漂流的样子，引申为随波逐流。诗人乘船进入若耶溪，在清溪中徐徐而行，自在闲适，真令人心旷神怡！"泛泛"两字，写出了小舟在水域宽阔的溪水中随波逐流的情景，而一个"何"字则透露出诗人游览若耶溪的喜悦心情。悠悠：辽阔无际的样子。一入若耶溪，感觉天地为之一新：抬头望天，天空高朗，白云悠悠；低头看水，水映朗空，天水一色。"悠悠"两字，表现出若耶溪景色自然和谐，意趣悠远，而一个"共"字则关联碧水蓝天，写出了朗空和溪流"天水一色"的和谐美。

领联从视觉的角度，由远及近，描绘若耶溪的美丽风光。阴霞：山北面的云霞。若耶溪的流向自南而北，诗人溯流而上，故曰"阴霞"。远岫（xiù）：远处的峰峦。阳景：太阳在水中的倒影，"景"是"影"的本字。回流：回旋流动的溪水。诗人泛舟畅游，只见绚丽的云霞仿佛从溪边的远山深处飘出，投在溪水中的日影好像有意追逐着清澈曲折的溪流与人一起前行。远处写山，近处写水，山水相映，境界奇美。用云霞衬托远山，用日影表现溪流，给予景物色彩美。同时，采用拟人化的手法，以静化动，用"生"来描写云霞的浮动之势，赋予了其动态美；用"逐"来表现日影，把阳光写得有情有趣，赋予了其人性美。真是别出心裁！

颈联从听觉的角度，以声写静，渲染山林的幽静。静寂，本是无声，有声则打破了静寂。但是，诗人深谙动静之间的辩证统一关系，运用反衬的手法，用"蝉噪"反衬"林静"，用"鸟鸣"表现"山幽"，以动显静，写出了"蝉噪"与"林静"、"鸟鸣"与"山幽"的对立统一。蝉儿高鸣，始觉山林静谧；鸟儿婉唱，更显人迹罕至。诗人有意识地用"蝉噪"、"鸟鸣"之动来经营出一种幽静的境界，可谓匠心独运。

末联即景抒情，直抒胸臆，表明诗人面对美景，不禁厌倦宦游，顿生归隐之意。归念：归隐的念头。悲倦游：长年在外过着宦游的生活，已经觉得厌倦。入若耶溪，应该是身心愉悦的游览，幽静的环境更让人轻松舒缓、心旷神怡，但诗人在最后两句宕开一笔，感情突变：美丽的自然风光与悲愁的内心形成了极大反差。正是若耶溪风光秀美，更增诗人厌倦官场、心生隐居田园之念。一个"悲"字，把诗人在入仕和归隐间无可奈何的感情表露无遗。全诗以景起，以情结，自然和谐。

全诗文辞清婉，音律谐美，创造出了一种幽静恬淡的艺术境界。尤其是"蝉噪林逾静，鸟鸣山更幽"二句，语言平实，毫无雕琢之气，是千古传诵的名句，被誉为"文外独绝"，开启了"以动衬静"表达方式的先河，对后人的影响极大。如王维《鸟鸣涧》中"月出惊山鸟，时鸣春涧中"一句，就不落痕迹地化用了王籍的这句诗。

没有深邃哲学思想的诗，是肤浅而短命的。如果诗是一株绚丽的花，哲学则恰似土壤。土壤肥沃，才会根深叶茂、姹紫嫣红。"蝉噪林逾静，鸟鸣山更幽"之所以成为千古传诵的佳句，其原因之一就在于它蕴含着一个深刻的哲理：矛盾双方是对立统一的，动与静是对立统一的。

唯物辩证法认为，世界上的一切事物都充满着矛盾，矛盾就是事物内部双方既对立又统一的关系。矛盾的对立属性是斗争性，矛盾的统一属性是同一性，它们是矛盾所固有的相反相成的两种基本属性。矛盾的同一性，是矛盾双方相互吸引、相互联结的属性和趋势。矛盾的斗争性，是指矛盾双方相互排斥、相互对立的属性，体现对立双方相互分离的倾向和趋势。

动与静作为矛盾的双方，既对立又统一。动与静具有各自的内在规定性，它们相互排斥、相互对立。同时，它们相互吸引、相互联结。从同一性来看，动与静是相互依赖的。一方的存在以另一方的存在为前提，双方共处于一个统一体中。没有动，就没有静；没有静，也就无所谓动。同时，动与静是相互贯通的，即动与静相互渗透、相互包含，在一定条件下可以相互转化。

动与静是物质运动的存在方式和表现形态。静本身是运动的一种特殊形式。以动写静，则愈显其静。以动衬静属反衬手法中的一种，即通过对动态的描写、渲染来反衬出静态。诗人王籍用"蝉噪"反衬"林静"，用"鸟鸣"表现"山幽"，就是以动显静，以有声（动）显无声（静），写出了"蝉噪"与"林静"、"鸟鸣"与"山幽"（即动与静）的对立统一。如果不懂得动与静的对立统一关系，割裂动与静的辩证统一而单纯写静，就会陷入丧失生气的死寂。宋朝的王安石在这一方面就闹过笑话。

王安石很喜欢"蝉噪林逾静，鸟鸣山更幽"这两句诗，只是觉得还不够味，于是便在《钟山即事》中写道："茅檐相对坐终日，一鸟不鸣山更幽。"这是改动王籍"蝉噪林逾静，鸟鸣山更幽"的诗句而来，而这一改动被人说成是"点金成铁"。王籍的诗句深刻揭示了"噪"与"静"、"鸣"与"幽"的对立统一。深山老林，惟听蝉噪，方知渺无人影，才显得山林更寂静；惟闻鸟鸣，方知人迹未至，才显得山更幽深。而王安石的改动之所以是"点金成铁"，是因为他只看到"噪"与"静"、"鸣"与"幽"的对立，而不懂得它们的统一，不懂得"寂静之幽深者，每以得声音衬托而愈觉其深"。"鸟鸣山更幽"是动中见静，置静意于喧动中，可体现出寂静之中有活泼的生机；而"一鸟不鸣山更幽"，则使人感到大自然幽冷死寂，毫无活力。

# 赠逸民（十一）

南朝·萧衍

如垄生木，木有异心。

如林鸣鸟，鸟有殊音。

如江游鱼，鱼有浮沉。

岩岩山高，湛湛水深。

事迹易见，理相难寻。

　　萧衍（464—549），字叔达，兰陵武进（今江苏省丹阳市）人。南朝梁的建立者，即梁武帝。在南朝诸帝中，萧衍的政治、军事才能堪称翘楚。他还擅长音律、书法、文学，诗赋文才颇有过人之处，是"竟陵八友"之一。其建梁称帝后，经常招聚文人学士，以赋诗为乐。他的文学创作，推动了梁代文学风气的兴盛。

　　逸民，是指避世隐居的人，一般多为贤者。孔子在《论语·尧曰》中就说过"兴灭国，继绝民，举逸民"的话。萧衍以"赠逸民"为题，是用孔子"举逸民"之意，通过种种设喻，说明人才既不易识，也不易得，表现了求贤罗才的思想。这首诗写得生动形象，且寓意深刻，极富哲理，值得一读。

　　诗的前六句，运用连绵、排比的手法，一口气用了三个比喻，以强调事物的同中有异，即共性与个性的统一，哲理意味极浓。唯物辩证法告诉我们，客观事物是极其复杂的，同类事物既有共性又有个性。这种共性与个性的关系，也就是矛盾的普遍性和特殊性的关系、一般和个别的关系。矛盾的普遍性和特殊性是相互联结的。一方面，普遍性寓于特殊性之中，并通过特殊性表现出来，没有特殊性就没有普遍性；另一方面，特殊性包含着普遍性，特殊性离不开普遍性。世界上的事物无论怎样特殊，它总是和同类事物中的其他事物有共同之处，不包含普遍性的事物是不存在的。在这里，"如垄生木"是普遍性，"木有异心"是特殊性；"如林鸣鸟"是普遍性，"鸟有殊音"是特殊性；"如江游鱼"是普遍性，"鱼有浮沉"是特殊性。同垄之木有异心，同林之鸟有殊音，同江之鱼有浮沉。事物就是这样复杂，既有普遍性，又有特殊性，是二者的对立统一。因此，我们要正确认识事物，必须坚持矛盾分析法，坚持具体问题具体分析，既要注意矛盾的普遍性，又要注意矛盾的特殊性，不能一概而论，犯片面性的错误。

诗的后四句，再设比喻，强调事物的本质、规律实在是难以寻求。岩岩：山势高峻的样子。湛湛：大水深广之貌。事迹：事物的外表。理：指事物的规律、法则。相：事物的真相、本质。山高水深，难以知晓。事物的现象容易认识，而事物的本质和规律却难以把握。从哲学上而言，这是因为：现象是事物的表面特征和外部联系，它是个别的、多变的东西；本质是事物的根本性质，是事物相对稳定的内部联系；规律是事物运动过程中固有的、本质的、必然的、稳定的联系。从现象与本质、规律的区别来说，认识了现象不等于认识了本质和规律。对现象的认识有助于对本质和规律的认识，但不能代替对本质和规律的认识。认识的根本任务就是要透过事物的现象抓住其本质和规律。而要完成这一根本任务，就必须深入实践，占有十分丰富和合乎实际的感性材料，并充分发挥人的主观能动性，运用科学的思维方法对感性材料进行加工制作，从而认识事物的本质和规律。

　　"诗贵寄意，有言在此意在彼者。"这首诗的本意是说明"举逸民"、搜罗贤才，不是一件容易的事。识人如此，认识世间的万事万物亦然。这是因为认识的对象——物质世界是复杂多样、变化莫测的，人类社会实践也是变化发展的，人类认识的发展要受到客观条件和主观条件的限制，因此，人类追求真理的过程并不是一帆风顺的，人们对一个事物的正确认识，往往要经过从实践到认识、再从认识到实践的多次反复才能完成。

# 雪 梅（其一）

宋·卢梅坡

梅雪争春未肯降，骚人阁笔费评章。

梅须逊雪三分白，雪却输梅一段香。

梅花，素雅清香，在寒风中绽放，在飞雪中迎春；雪花，冰清玉洁，是冬天的礼物，也是春天的使者。梅与雪有着不解之缘。雪因梅透露出春的信息，梅因雪更显高尚的品格。不少诗人往往将梅与雪相提并论。如："前夜深雪里，昨夜一枝开"（齐己）、"不知近水花先发，疑是经冬雪未消"（张谓）、"墙角数枝梅，凌寒独自开。遥知不是雪，为有暗香来"（王安石）、"砌下落梅如雪乱，拂了一身还满"（李煜）、"万花敢向雪中开，一树独先天下春"（杨维祯）、"飞雪迎春到，已是悬崖百丈冰，犹有花枝俏"（毛泽东）、"寒梅不畏寒，树树立风雪"（陈毅）。这些诗词都是描写梅雪相互映衬，反映梅与雪相辅相成，相映成趣，相得益彰。而卢梅坡的这首《雪梅》，却是另辟蹊径，从一个全新的视角，以议论的形式，通过类比的方法，突显雪梅各具色香，互有短长，难分高下。这种写法，新颖别致，出人意料，既有情趣，又富哲理，值得咏思。

"梅雪争春未肯降，骚人阁笔费评章。"争春：比个高下；未肯降：互不相让，不肯认输。骚人：文人，屈原作《离骚》，故称文人为骚人。阁：同"搁"，搁下。评章：评论、评判，这里指评判梅与雪的高下。费评章，即犹豫不决，难以评判。这一联的大意是：梅和雪为"争春"互不相让，都认为自己占尽了春色，连诗人要评论二者谁是报春使者，也需要搁下手中笔，煞费心思地权衡一番。因为冬末春初，梅花凌寒独放，暗香疏影，给人以报春之喜；而白雪临风起舞，几经降落，也有送春之意。梅雪"争春"，各擅其长，确实难以评判出谁更加出色。

"梅须逊雪三分白，雪却输梅一段香。"逊：逊色、差一些。输：不及。"逊"与"输"表明了梅花与白雪比较的结果。从颜色来看，梅在洁白上要比雪差三分；从气味而言，雪却要输给梅一段香。雪以洁白取胜，梅以清香出众。这一"色"一"香"，一"长"一"短"，堪称神思巧运，既回答了"骚人阁笔费评章"的原因，也道出了雪与梅各有所长的根据，还说明了世界上没有任何事物是十全十美的。

这是一首咏物言理的七言绝句。读完全诗，细细品味，我们似乎可以看出作者的言外之意，悟出其中蕴含的哲理。

物质决定意识，意识是物质的反映。我们想问题、办事情，必须做到主观与客观相符合。"梅雪争春未肯降，骚人阁笔费评章。"当你站在雪花纷飞、梅朵飘香的特定场景，难免会触景生情，灵感顿发，而这灵感连缀着思维的飞跃。那么，你会如何评判梅与雪的高下呢？诗人的回答是："梅须逊雪三分白，雪却输梅一段香。"这种对梅雪短长的评判，正是人的主观能动性的表现，而且这种主观评判与客观实际是相符的，显示了主体与客体的辩证统一。梅香雪洁，气色俱佳，各有特质，互有短长，完全可以"各美其美，美人之美，美美与共"，共同迎接春光。雪中盛开着清香的梅花，梅花点缀着晶莹的飞雪，这是一种何等纯美的境界啊！

　　我们所生活的世界是一个充满矛盾的世界，而事物的矛盾具有普遍性和特殊性，二者辩证统一。梅与雪时令相同，隐喻相近，都是春天的使者，这是其"共性"。同时，世界上的事物之所以千差万别，就是因为矛盾的特殊性规定了一事物区别于他事物的特殊本质。梅雪各有千秋，都有自己内在的特殊规定性。雪的洁白梅难以匹敌，但梅的清香雪也无法企及。梅有梅的韵味，雪有雪的风采。我们既不能以梅花之香来否定雪，也不能以雪花之白来否定梅。它们互有短长，各具"个性"品质。我们要正确认识事物，必须坚持全面的观点，学会一分为二地看问题，坚持对具体问题作具体分析。在认识事物时，要看到事物的方方面面，不能抓住一点，不及其余。其实，世间万事万物，乃至人类，都是各有所长，各有其短。古人云："人贵有自知之明。"在欣赏他人的同时，要相信自己就是一道亮丽的、与众不同的风景，绝不能妄自菲薄。但是，我们也不能孤芳自赏，以己之长度他人之短，而应当谦虚谨慎，扬长避短，取长补短，相辅相成，共同进步。这或许就是本诗蕴含的耐人寻味的主要寓意。

　　世界上的一切事物都不是孤立存在的，而是和周围其他事物联系着。事物之间和事物内部各要素之间相互依赖、相互制约、相互作用构成了事物的普遍联系。梅与雪也是如此。诗人卢梅坡《雪梅》（其二）就是赞美梅与雪的相辅相成、相依相衬："有梅无雪不精神，有雪无诗俗了人。日暮诗成天又雪，与梅并作十分春。"如果只有梅花独放而无飞雪衬托，梅花就无神韵。有梅，有雪，如果没有诗，也会使人觉得俗气。黄昏时，刚刚写好一首赞美雪和梅的诗，天又下起雪来了，梅、雪、诗相互交融，构成了最完美的春色。

　　瑞雪飞絮，梅朵飘香，"梅花欢喜漫天雪"。当我们踏雪寻梅时，赏心悦目的是银装素裹、落梅如雪，心中自然会充满春的希望。

# 神情诗

晋·顾恺之

春水满四泽,夏云多奇峰。
秋月扬明辉,冬岭秀寒松。

　　顾恺之(约345—409),字长康,小字虎头,晋陵无锡(今属江苏)人。东晋画家、诗人、绘画理论家。曾任参军、散骑常侍等职。出身士族,多才艺,工诗赋,擅书法,尤精绘画,人称"中国画祖",并有"才绝、画绝、痴绝"之称。

　　这是一首四气诗,也称四时诗或四季歌,是将"春"、"夏"、"秋"、"冬"四字顺次嵌在一首诗中,以诗当画,每句一景,用形象鲜明的文字,勾勒出典型的四时景色,犹如四幅条屏,画出了春水、夏云、秋月、冬岭四幅最富有季节特色的明丽画卷。

　　首句写春,着墨于春水,借以传递大地回春、水泽万物的信息,表达了诗人的欣喜之情。当春风吹开隆冬的冰雪,河流水位随之上涨,万物在水的滋润下开始复苏,春天悄悄地来到了人间,所以,古人有"春来江水绿如蓝"(白居易)、"春江水暖鸭先知"(苏轼)和"风乍起,吹皱一池春水"(冯延巳)等名句,特别是在江南水乡,即使"天街小雨润如酥"(韩愈),四处的沟渠也都涨满了水,田野和水泽显得滋润、辽阔。"春水满四泽"就是对南国春景中充满生机和象征智慧的水的重彩描绘。

次句写夏，以"奇峰"喻夏云，既富创造性，又有情味。夏天是天气最热的季节，最让人难以忍受的莫过于酷热，夏天景物的色彩也是浓重单调的，然而，诗人却将目光投向了变幻莫测、飘来荡去的云。夏天的云，最大的特点就是多变。它时而凝聚，时而飘散，如奇峰骤起，千姿万态，那光与影、色与线、形与态，无时不在变化。"夏云多奇峰"描绘出了夏云独特的动态美。

第三句写秋，选择了秋月，讴歌了秋月的"明辉"。秋风肃杀，身心俱寒，怀旧与伤感总是与秋意一同而来。因此，古人多有悲秋之情，"悲哉秋之为气也，萧瑟兮草木摇落而变衰"（宋玉）。然而，诗人在此描绘的画面则是"秋月扬明辉"。你看，那秋月朗照的夜晚，凉风自远而至，在月色笼罩下，一切景物都蒙上了一层神秘的色彩，足以引起人们无限遐思。而一个"扬"字，化静态为动态，视无情为有情，给自然景物赋予了生命和韵味，写活、写神了秋月。

结句写冬，独钟于寒松，赞美其傲霜斗雪、耸然挺立的品格。冬天是寒冷肃杀的，然而，高岭上的一棵青松，不仅给银装素裹的天地增添了些许生机，而且能给人无限遐思的余地。一个"秀"字，极富感情，洋溢着诗人对寒松的赞美之情，也是诗人积极进取、不畏艰险的精神象征。

春夏秋冬，四季轮回，伫立于茫茫天地之间，感受着匆匆岁月的无情流逝。诗人不愧是善于选取典型物象的画家，只需轻轻几笔，仅用寥寥20个字，便将四时景物纳入尺幅之中，勾勒出了一幅充满诗情画意的四季图。今日品读这首小诗，我们不仅叹佩诗人高超的"以形写神"的技艺，更为其中蕴含的哲理而折服。

世界上的一切事物都是普遍联系的，也是变化发展的。我们要坚持用普遍联系和发展的观点看问题，正确把握事物的真实联系，把事物如实地看成一个变化发展的过程。春夏秋冬，四季更替，它们共处于一个系统之中，具有某种确定不移的基本秩序，是客观规律支配着它们的运动与变化。

世界上的一切事物都充满着矛盾。事物的矛盾是客观的，存在于一切事物中，并且贯穿每一事物发展过程的始终。任何事物的矛盾都是普遍性和特殊性的辩证统一。矛盾的特殊性，是指矛盾着的事物及其每一个侧面各有其特点。矛盾的特殊性的表现之一，就是同一事物的矛盾在不同发展阶段各有不同的特点。我们想问题、办事情，必须对具体问题作具体分析，正确把握同一事物不同发展阶段的特殊性。诗人之所以能写下脍炙人口的诗篇，就在于抓住了春夏秋冬四季的特点或"个性"，浓墨重彩地描绘了春水、夏云、秋月、冬岭，这正与矛盾的特殊性相吻合。

世界上的事物是复杂的，其中的矛盾也是复杂的。在认识事物和解决矛盾时，我们要坚持全面的观点，坚持两点论和重点论的统一，防止片面性。春夏秋冬，是古人常常咏叹的对象。仅就"咏秋"而言，虽然也有"自古逢秋总寂寞，我言秋日胜春朝"（刘禹锡）的声音，但更多是抒发愁绪、寂寞、感伤、愤懑之情。然而，在顾恺之的笔下则是"秋月扬明辉"，四季景物都充满着生机，并给人以积极的启迪。我们通过这四幅风景画，感受到的是自然界生气勃勃、气象万千的景象和作者乐观开朗、积极向上的情怀。

"春水满四泽，夏云多奇峰。秋月扬明辉，冬岭秀寒松。"我们不必感叹时光的飞逝，也不必感叹人生的短暂，只要把握人生旅程中的精彩瞬间，我们的生命就是有意义的。

# 吴兴杂诗

## 清·阮元

交流四水抱城斜，散作千溪遍万家。
深处种菱浅种稻，不深不浅种荷花。

　　阮元（1764—1849），字伯元，号芸台。清代著名学者。江苏仪征人。乾隆五十四年（1789）进士，曾官至湖广、两广、云贵总督，迁体仁阁大学士。卒后谥文达。平生以治经学考据著名，编梓甚多。

　　"交流四水抱城斜，散作千溪遍万家"，写吴兴水乡景色之美、水势之盛。吴兴（今浙江省湖州市）是地处太湖南面的最美丽城市之一。交流四水，即四水交流，指东苕溪、西苕溪、霅（zhá）溪、苎溪四水在这里汇流。抱城斜，意为环抱着吴兴城斜斜地流淌着。散作千溪，意为分散为若干条小溪。纵横交错的四条河流，从四周环抱着吴兴城，它们又分散出无数小溪，逶迤伸展，弯弯曲曲，淙淙潺潺，流遍了千家万户。这该是一幅多么别有风趣的水乡生态系统图啊！它既展示了水乡独特的美学意蕴，又体现了地球母亲的厚德载物。"四水"是主流，"千溪"是支流，"万家"则意味着更多的支流。"交流"、"散作"、"抱"、"遍"等动词的运用，化静为动，形象生动，使人读后颇感身临其境，仿佛凌空鸟瞰，将江南水乡风光尽收眼底。诗人着景是为了显示这种环境适合农民的种植，为后两句的描写埋下伏笔。

"深处种菱浅种稻，不深不浅种荷花"，写水乡种植之道。常言道："靠山吃山，靠水吃水。"吴兴既然是水乡，就应当发挥其特有的优势，利用自然条件，因地制宜地进行种植：水深之处种植菱角，水浅之处种植稻谷，而不深不浅的地方种植莲藕。物有天性，因地制宜，各得其所。待到夏秋之交，绿的菱叶、黄的稻浪、红的荷花，交相掩映，那该是一幅何等融洽和谐、浑然天成的美丽图画啊！从语言风韵上看，这两句极有意趣，上句以"句中排"形式，揭出一"深"一"浅"，相反相成，已经给人唱叹跌宕之感；作者紧接着写出一个"不深不浅"，似乎对上句来个折中，表现出绝妙的平衡，实际上又推出一层唱叹之音，使之愈歌愈妙。

这首描写吴兴田园风光的即景诗，清新流畅，极具民歌风味，易于记诵，尤其是"深处种菱浅种稻，不深不浅种荷花"二句，语言虽然非常简洁，但哲理寓意深刻。

物质决定意识，意识是物质的反映。我们想问题、办事情，必须一切从实际出发，实事求是。我们要尊重物质运动的客观规律，从客观存在的事物出发，经过调查研究，找出事物本身固有的而不是臆造的规律性，以此作为我们行动的依据。地理环境的多样性、差异性和复杂性，是客观实际，决定着人们的种植计划。无论是种植，还是办其他任何事情，我们只有一切从实际出发，实事求是，既尊重客观规律，又发挥人的主观能动性，才能达到预期的目的。

世界上的事物是错综复杂、千差万别的。任何事物内部都包含着自身的矛盾特殊性。这种矛盾特殊性，就构成了一事物区别于他事物的特殊的本质。这正是世界上的事物之所以千差万别的内在原因或根据。矛盾的特殊性要求我们必须对具体问题作具体分析，一切以时间、地点、条件为转移，因地制宜，因时制宜，随物而异，绝不能形而上学地搞"一刀切"、绝对化。"深处种菱浅种稻，不深不浅种荷花"，正是对矛盾特殊性原理的灵活运用。

# 前出塞（其六）

## 唐·杜甫

挽弓当挽强，用箭当用长。

射人先射马，擒贼先擒王。

杀人亦有限，列国自有疆。

苟能制侵陵，岂在多杀伤。

　　《出塞》为古乐府旧题，多描写戍边将士的边塞生活。杜甫以这种体裁先后写了十四首诗，先写的称《前出塞》，共九首；后写的称《后出塞》，共五首。这里所选的是《前出塞》的第六首。在这首诗中，诗人以将士的口吻，既表达了反对穷兵黩武的意向，又表示出"止戈为武"的政治主张。

　　诗的前四句是"扬"，即扬武，以似谣似谚的歌诀开势，从战术上讲如何练兵打仗、克敌制胜。前两句写物，"挽弓当挽强，用箭当用长"，这是因为强弓射程远，杀伤力强；长箭稳健，命中率高。后两句写人，"射人先射马，擒贼先擒王"，这是因为马的目标大，易被射中；首领是贼人的灵魂，一旦被擒，其他人就会成为乌合之众，不击自溃。两个"当"，两个"先"，妙语连珠，直抒胸臆，指出了作战的关键所在，即战斗应讲究策略，而不是一味多杀人。这四句以排句出之，如数家珍，宛若总结战斗经验。然而，它还不是作品的主旨所在，而只是下文的衬笔和铺垫。

诗的后四句是"抑"，即止戈，是从战略上讲如何节制武力、力避杀伐。"杀人亦有限，列国自有疆。"派兵守边，征战杀敌，总应当有个限度，不可嗜杀成性，一味屠戮；一个国家应当有个疆界，不能没完没了地扩张。"亦"、"自"点出作战不能无尽头，边疆也应有限，表明作者反对不义的扩边战争。"苟能制侵陵，岂在多杀伤。"只要能制止侵略、欺凌，难道在于多杀伤人吗？也就是说，拥强兵只为守边，不为杀伐。无论是为制敌而"射马"，为拥强兵而"擒王"，还是不得已而"杀伤"，都应以"制侵陵"为限度，不能乱动干戈，更不应以黩武为能事，侵犯他国。这种止戈为武、拥强兵而不黩武的思想，是恢弘正论，安边良策，也反映了国家的利益和人民的愿望。

全诗深得议论要领，采用了先扬后抑的手法，其主旨是阐述赴边作战的终极目的——"止戈为武"。这看似矛盾，实际上充满了辩证思想。因为如果没有强大的武装力量，就不能制止外敌入侵；但自恃武装力量的强大而穷兵黩武，也会给人民带来灾难。所以，诗人反对一切不义战争，包括外敌入侵、军阀反叛和朝廷的武力开边，同情劳动人民在战争中的苦难，同时支持人民参加正义的反侵略战争，主张拥强兵而不黩武。这是对唐玄宗不恤民力、好大喜功的扩张行为的批评，在当时的历史条件下是难能可贵的。

这首诗立意高远，正气恢弘，颇具韵味，更以富有哲理而见长。

唯物辩证法认为，在复杂事物的发展过程中，存在着许多矛盾，其中必有一种矛盾，它的存在和发展，决定或影响着其他矛盾的存在和发展。这种在事物发展过程中处于支配地位、对事物发展起决定作用的矛盾，就是主要矛盾。其他处于从属地位、对事物发展不起决定作用的矛盾，就是次要矛盾。主要矛盾和次要矛盾相互依赖、相互影响，并在一定条件下相互转化。这一原理要求我们既要集中主要力量解决主要矛盾，又不可忽视次要矛盾。"射人先射马，擒贼先擒王"，强调的正是要善于抓关键、抓要害、抓主要矛盾。这是战场上的辩证法，符合集中主要力量解决主要矛盾的哲学原理。

唯物辩证法认为，任何事物的变化都是量变与质变的辩证统一。事物的发展总是从量变开始，量变是质变的必要准备，质变是量变的必然结果；质变又为新的量变开辟道路，使事物在新质的基础上开始新的量变。事物的发展就是这样由量变到质变，又在新质的基础上开始新的量变，如此循环往复，不断前进。由于量变只有在一定的范围和限度之内，事物才保持其原有的性质，所以，当我们需要保持事物性质的稳定时，就必须把量变控制在一定的限度之内。做事情要注意分寸，掌握火候，坚持适度的原则。"杀人亦有限，列国自有疆。苟能制侵陵，岂在多杀伤。""杀人亦有限"，就是强调要把握事物的度，要以保护疆土、"制侵陵"为限；国家要有自己的疆界，而不能侵略他国进行武力扩张。如果脱离事物质与量的统一，超过事物的度，乱动干戈，侵犯他国，发动不义战争，就会给人民带来深重的灾难。

# 看 叶

## 宋·罗与之

红紫飘零草不芳，始宜携杖向池塘。

看花应不如看叶，绿影扶疏意味长。

　　罗与之，生卒年不详，字与甫，自号雪坡，吉安人。屡试不第，隐居终生。诗多写山水景物和隐逸趣味，有《雪坡小稿》两卷。这首诗，以特有的敏锐，撷取自然界普通的素材，写出了一位饱经沧桑的老年人特殊的生活感受，别有一番人生况味。

　　将叶作为审美对象入诗，历来不乏佳作。不过，在"霜叶红于二月花"（杜牧）中，被诗人欣赏的叶，是霜后的红叶，其实是被视为花朵来欣赏的。罗与之的这首《看叶》，则与上述审美趣味不同。他欣赏的叶，是扶疏的绿影，是绿叶生命的活力，是叶的本质美。

　　"红紫飘零草不芳，始宜携杖向池塘。"红紫，指万紫千红的百花。芳，指春草的芬芳。始宜，即开始感到适宜，反映诗人的心情并没有因春的消逝而惋惜、懊恼。携杖，拄着手杖，表明年岁已高，青春风华旋成往事。向池塘，表明诗人找到了一个环境幽雅、别致的好去处。这两句诗的意思是：百花凋零、芳草枯萎，呈娇斗艳的春天已经逝去。此刻，眼前已无繁花似锦的美景可供观赏，最适宜的是携杖去俯视池塘中的落影。从时令已无繁华，到人生已入暮年，眼前别有一种境界，胸中另有一番滋味。这为后两句揭示主旨作了一个极好的铺垫。

"看花应不如看叶，绿影扶疏意味长。"扶疏，枝叶纷披、茂盛而疏密有致。这两句诗充满了哲理，言近旨远，意味深长。叶，四季堪赏，春看新绿，夏观浓翠，秋赏霜叶，冬视常青。叶营造的四时景观，都能令人赏心悦目。叶，总是载着四季的妩媚，奔向希望的未来！因此，"看花应不如看叶"。更何况，"看花"，万紫千红易凋零。花虽烂漫，但繁华匆匆，转瞬即逝。"看叶"，绿叶扶疏永茂盛。叶虽平淡，却活力长存，生生不已。"梅花一时艳，竹叶千年色。"绿叶不像鲜花那样生命短暂，它献给人们的美感是长远的。

"看花应不如看叶"，既是时序变化中的实景，也是历尽人世风波的心境，是对人生底蕴的彻悟，是一种超脱的人生境界，其中的理趣或哲理确实"意味长"。

"看花应不如看叶"，这是因为红花虽好，还需绿叶扶持。没有绿叶的"无穷碧"，又哪来鲜花的"别样红"？唯物辩证法认为，复杂事物的发展过程中所包含的许多矛盾，其地位和作用是不平衡的。在事物发展过程中处于支配地位、对事物发展起决定作用的矛盾，就是主要矛盾。其他处于从属地位、对事物发展不起决定作用的矛盾，则是次要矛盾。主要矛盾和次要矛盾相互依赖、相互影响，并在一定条件下相互转化。

主要矛盾和次要矛盾辩证关系的原理要求我们，必须坚持两点论和重点论相统一的认识方法。在认识和解决矛盾时，既要善于抓住重点，集中主要力量解决主要矛盾，又要学会统筹兼顾，恰当地处理次要矛盾，而决不能忽视次要矛盾。因为次要矛盾解决得好，对主要矛盾的解决也会产生影响。"看花应不如看叶"，正是强调要恰当地处理次要矛盾。或许是"好花不常有，绿叶长相随"之故，一些人往往是重花轻叶，这实在不应该。只钟情于红花而无视绿叶的存在，是形而上学的一点论。对于花与叶，我们要一分为二，要看到它们各有所长，各有所短。春天的花，虽然万紫千红，婀娜多姿，但"红紫飘零"，好景不长。绿叶虽然没有鲜花的娇艳，也没有鲜花的香浓，但甘当底色，乐为陪衬，且"绿影扶疏"，以万千的形态和多变的姿容，处处展示着独特的、长久的魅力。只要用心观赏，定会感受个中意韵的幽远与绵长。

世界上的一切事物都是变化发展的，绝对静止不变的事物是不存在的。这就要求我们用发展的观点看问题，认识到所有事物都是一个不断变化发展的历史过程。这首诗写得很含蓄。诗人要告诉我们的似乎是这样一个道理：春天是短暂的，热爱生活的人们不应只留恋春天的繁花似锦，更应"向前看"，去欣赏那些更令人陶醉的新风景。欣赏自然景色如此，书写人生亦然。"不汲汲于荣名，不戚戚于卑位"（骆宾王），这不正是叶的品格吗？百花红紫易凋零，绿叶扶疏永茂盛，也似乎象征着人生的青春与暮年。每个人都有"红紫"芬芳的青春，也会步入"携杖"独行的暮年，我们应当像绿叶一样，不慕繁华，自甘淡泊，乐为陪衬，默默奉献，创造"意味长"的人生。

愿我们的人生，既像鲜花——姹紫嫣红，争妍斗艳；又如绿叶——生机勃勃，万年长青！

# 寄 兴（其二）

### 宋·戴复古

黄金无足色，白璧有微瑕。

求人不求备，妾愿老君家。


　　戴复古（1167—?），字式之，自号石屏，天台黄岩（今属浙江台州）人。南宋著名江湖派诗人。一生不仕，浪迹江湖，后归家隐居。其诗词格调高朗，多描绘江湖、山林风光，抒发爱国之情，诗笔俊爽，清健轻捷，工整自然，清人陈衍推其为"晚宋之冠"。

　　寄兴，犹寓意，即寓思想感情于景物形象之中，此为托物言理。本诗就是通过一个女子之口吐露对丈夫坚贞不渝的爱情，以揭示"金无足赤，人无完人"的哲理。

　　"黄金无足色，白璧有微瑕。"足色：十足的成色。璧：古代一种玉器，平而圆，中央有孔，边大倍于孔。瑕：玉中的斑点。这两句诗是运用比兴，从珍贵之物写起：黄金再纯，也没有十足的成色；白璧再美，总会有些微的斑点或瑕疵。也就是说，任何事物都不是十全十美、完好无瑕的。这是用黄金和白玉比喻夫君，说明他虽有缺点，但那是微不足道的。开篇用类比作铺垫，为后面阐述"求人不求备"的道理奠定了坚实的基础。

　　"求人不求备，妾愿老君家。"备：完备。妾：古代女子自称。老君家：老于君家，犹言永远在你家里。"求人不求备"，是承接前两句诗，由物及人，是全诗的主旨。既然金无足色、玉有微瑕，那么，人亦无完人。正如俗语所说："金无足赤，人无完人。"因此，对人不可求全责备。基于这样的认识，这位女子谅解了丈夫的缺点和不足，旗帜鲜明地表白道："我愿意永远在你家里，与你白头偕老！"你看，她是多么富有卓见，多么通情达理，多么坚贞不渝啊！

这首诗题为《寄兴》，当然其主旨不在于赞美坚贞不渝的爱情，而是通过比兴，向人们揭示这样的哲理：世界上没有十全十美的事，我们切不可求全责备。今日品读，不能不为诗人的辩证思维而惊叹。

唯物辩证法认为，世界上的一切事物都包含着既相互对立，又相互统一的两个方面。因此，我们要如实反映事物的本来面目，就必须坚持两点论、两分法，运用全面的观点看问题。黄金没有十足的成色；白璧总有些微的瑕斑；充满灵性的人既有优点，也会存在缺点。世界上绝对没有十全十美的人和事。我们对事、对人，都要一分为二。如果抓住一点而不及其余，就是一点论，就会陷入形而上学的片面性、绝对化。人非圣贤，各有所短，我们绝不能求全责备。

任何事物都充满了矛盾，矛盾是普遍和客观的。但每一矛盾中的两个方面的力量是不平衡的。事物的性质主要是由主要矛盾的主要方面决定的。矛盾的主要方面与次要方面既相互排斥，又相互依赖，并在一定条件下相互转化。这就要求我们想问题、办事情，既要坚持两点论，一分为二地看问题；又要坚持重点论，把握事物的本质和主流。总之，要坚持两点论和重点论的统一。

在对待人的问题上，坚持两点论，就是既要看到一个人的优点，又要看到一个人的缺点；坚持重点论，就是要把握一个人的本质和主流。只要主流是好的，就应当给予肯定，切不可求全责备。当然，这并不意味着对人的缺点或错误可以任其自流，不加控制。因为在事物的发展过程中，支流也能促进或阻碍主流的发展，影响和改变事物的性质和发展方向。

我们所生活的世界并不是十全十美的，十全十美并不是一种生活常态。美学中有所谓"缺陷美"之说，它是指在整体美的形象中出现某些不足、瑕疵乃至丑的形象。这种"缺陷美"不仅不会破坏整体美，反而会使事物因更自然和真实而变得更美。"人有悲欢离合，月有阴晴圆缺，此事古难全。"（苏轼）我们不应过分追求完美，而要学会超脱、乐观、豁达，但决不放弃对理想、目标的追求。这样，才能活得轻松，活得快乐，活得富有意义。

让我们珍惜生命，坦然面对生活，创造亮丽人生！

# 戏为六绝句（其一）

唐·杜甫

庾信文章老更成，凌云健笔意纵横。

今人嗤点流传赋，不觉前贤畏后生。

　　以诗论诗，最常见的形式是论诗绝句。在我国诗歌理论遗产中，有不少著名的论诗绝句，而最早出现、最有影响的则是杜甫的《戏为六绝句》。这六首绝句，大约写于宝应元年（762），开创了用绝句形式论诗谈艺的先河，对后世影响极大。因为这六首绝句不是板起面孔说教，而是以一个诗人的眼光来轻松、自然地评述诗坛风貌、表达诗学见解，且语句中又有批驳和讥讽之意，所以题作"戏为"。不过，在看似轻松幽默的调笑背后潜藏着的是诗人深刻睿智的思想。本诗是六首绝句中的第一首，专论庾信。

　　"庾信文章老更成"，介绍所论对象及特点。庾（yǔ）信（513—581），南北朝时期集六朝之大成的继往开来的诗人，在诗赋创作上对后世有巨大影响。杜甫曾多次对庾信作出高度评价。文章：泛言文学。老更成：到老年就更加成熟了。全句诗意为：庾信愈到老年文章愈加成熟。明代的杨慎《升庵诗话》云："庾信之诗，为梁之冠绝，启唐之先鞭。史评其诗曰绮艳，杜子美称之曰清新，又曰老成。绮艳、清新，人皆知之；而其老成，独子美能发其妙。"

"凌云健笔意纵横"，具体阐释其特点。"凌云健笔"，是指其创作时笔锋雄健，高凌云霄。"意纵横"，意为思维敏捷，情深意厚，纵横开阖，挥洒自如。这是对庾信的创作给予的高度评价。

"今人嗤点流传赋"，写今人之浅薄。今人：指与杜甫同时代的某些孤陋寡闻的人。嗤（chī）点：嗤笑，指点，即讥笑、指责。赋：首句所说"文章"，指庾信流传下来的《拟咏怀二十七首》和《哀江南赋》等名篇。全句诗的意思是：现今有些浅薄无知的人自以为是，信口雌黄，随意地贬低、讥斥庾信流传下来的名篇力作。

"不觉前贤畏后生"，表明自己的态度。不觉：未觉得，没感到。前贤：庾信等前辈贤士。后生：那些"嗤点"庾信的人，即"今人"。畏后生，语出《论语·子罕》："后生可畏，焉知来者之不如今也"。"前贤畏后生"，是讽刺的反话，用来表明自己的态度：我一点也没感觉到像庾信这样的前代贤士会认为"后生可畏"。清代学者仇兆鳌亦说："其（庾信）笔势则凌云超俗，其才思则纵横出奇。后人取其流传之赋嗤笑而指点之，岂知前贤自有品格，未见其当畏后生也。"

魏晋六朝是我国文学由质朴趋向华彩的转变阶段，为唐代诗歌的全面繁荣创造了条件。但是，魏晋六朝文学具有重形式、轻内容的不良倾向。唐代一些胸无定见的"后生"之辈却走向了"好古遗近"的极端，竟全盘否定魏晋六朝文学，把攻击的目标指向了庾信。杜甫能够发出别样的声音，绝不是一种刻意的叛逆或标新立异，而是一种深沉的理解、独到的发现。诗人用"老更成"、"凌云健笔"来赞扬庾信的诗歌成就，讽刺"今人嗤点流传赋"，为我们正确评价古人和正确对待传统文化树立了榜样。

　　这首诗及其他组诗题目虽言"戏为"，但却是中国诗歌理论批评史上浓墨重彩的一笔，其中也蕴含着深邃的哲学道理。

　　世界上的一切事物都不是孤立存在的，而是和周围其他事物联系着。事物的变化发展是由物质世界的相互联系引起的。任何事物都有一个前后相继的发展过程，离开了对事物历史联系的分析，我们不仅无法正确认识昨天的历史，而且无法正确认识今天的事物。割断历史，否认事物的纵向联系，盲目地嗤笑前人，抛弃传统，必然导致民族虚无主义。

　　世界上任何事物都处在永不停息的变化发展之中，都有其产生、变化和发展的历史。用发展的观点看问题，就要把事物如实地看成一个变化发展的过程。研究任何问题，都不能割断其发展的历史过程。对前人，我们要采取历史主义的态度，把对象放到总的历史过程中和具体的历史条件下去考察和分析，不能用今天的眼光和标准来衡量前人，更不能苛求前人。

　　世界上的一切事物都是对立统一的，我们要坚持两点论和重点论统一的认识方法。对待前人，我们要全面分析其功过是非，同时，要分清其主次方面，把握主流与支流。

　　辩证的否定是事物发展和联系的环节。辩证的否定，既不是简单地肯定一切，也不是简单地否定一切，而是既肯定又否定，既克服又保留，克服的是旧事物中过时的、消极的内容，保留的是旧事物中积极合理的因素。辩证否定的实质就是"扬弃"。用辩证否定的观点来对待传统文化，我们应当既肯定又否定，既克服又保留，在继承的基础上发展，在发展的过程中继承与创新。因此，"今人嗤点流传赋"，全盘否定前贤和传统文化，是极端错误的。

# 题翰林院壁诗

宋·陶谷

官职有来须与做，才能用处不忧无。

堪笑翰林陶学士，一生依样画葫芦。

陶谷（903—970），字秀实，邠州新平（今陕西邠县）人。本姓唐，为避后晋高祖石敬瑭讳而改姓陶。后晋时任校书郎、监察御史、知制诰、仓部郎中等官职。后汉时为给事中。后周时，为兵部侍郎翰林承旨。入宋后，转礼部尚书，为翰林学士，累加刑部、户部二尚书。著有《清异录》等。

翰林是古时负责起草文件的官员，虽是京官，但没有什么实权和油水。陶谷认为自己担任翰林多年，而且工作出色，应当升官。他不敢直接开口，就请人去探询宋太祖的看法。宋太祖说："听说翰林们起草文书，都是翻阅前人的旧作，改换一些词语，也就是'依样画葫芦'而已，有什么费力的？"陶谷听了，知道升官无望，于是满怀怨气，在翰林院墙上题写了这首诗，以抒发自己心中的感慨。这首牢骚诗被宋太祖知道后，更决意不提升他，此君只好"一生依样画葫芦"了。

"官职有来须与做，才能用处不忧无。"这是写升官之道，是他为官四朝的经验之谈。陶谷为官四朝，感到自己怀才不遇，根本

无法施展才华，内心一片凄惨，所以，他认为只要有一官半职就行
了，不要担忧自己的才能是否有用处。

"堪笑翰林陶学士，一生依样画葫芦。"这是写保官之法，是
他长期不倒的理论总结，也是对自己在官场上没有升迁的感叹。陶
学士，是作者自谓，因他为翰林学士。他在翰林院做事，凡事都只
能循照旧规抄抄写写，毫无自己的主见作为，一生都只能依照葫芦
的样子画葫芦。诗人在此把宋太祖所引用的俗语"依样画葫芦"直
接写进诗里，是针对宋太祖的话所发的牢骚，也是自嘲。

这是一首借自嘲以发牢骚的诗，但它形象生动地揭露了封建官
场的陋习，一切率由旧章、墨守成规、不图进取，给人以深刻的哲
理启示。

"依样画葫芦"原是唐宋时期的俗语，因为陶谷将其嵌入这首
诗中而名传后世。今人都用"依样画葫芦"来比喻什么都照别人的
样子行事，从反面警示世人要树立创新意识。这与唯物辩证法的辩
证否定观是相符的。

辩证的否定，是事物自身的否定，即自己否定自己，自己发展
自己。辩证的否定是事物发展和联系的环节。辩证的否定，既不是
简单地肯定一切，也不是简单地否定一切；而是既肯定又否定，既
克服又保留，克服的是旧事物中过时的、消极的内容，保留的是旧
事物中积极合理的因素。辩证否定的实质就是"扬弃"。

辩证的否定观要求我们必须树立创新意识，做到不唯上，不唯
书，只唯实。书本是传播知识的载体，是人类进步的阶梯，但任何
书本知识都需要不断丰富和发展，谁也不可能"一眼望穿天下事，
一书写尽天下理"。我们不能像翰林陶学士那样"一生依样画葫
芦"，而必须密切关注变化发展着的实际，树立怀疑和批判精神，
正确对待传统文化，敢于突破与实际不相符的成规陈说，敢于破除

落后的思想观念。南宋朱熹曾说："读书无疑者须教有疑，有疑者却要无疑，到这里方是长进。"明代陈献章也说："前辈谓学贵知疑，小疑则小进，大疑则大进。疑者，觉悟之机也。一番觉悟，一番长进。"只有勇于怀疑，敢于创新，才能促进认识的进步与发展。同时，我们要解放思想，与时俱进，注重研究新情况，善于提出新问题，敢于寻找新思路，确立新观念，开拓新境界。这是我们事业不断取得成功的关键。

# 论 诗（其十一）

金·元好问

眼处心生句自神，暗中摸索总非真。

画图临出秦川景，亲到长安有几人？

元好问（1190—1257），字裕之，号遗山，太原秀容（今山西忻县）人。金元之际成就最高的现实主义诗人、杰出的诗歌理论家。曾任行尚书省司员外郎等职。兼擅诗词文，其诗现存1300余首，与宋代的苏轼、黄庭坚、陆游并称为"宋金四大家"。

论诗绝句是中国传统诗学之一格，滥觞于杜甫，之后踵事增华者代不乏人。元好问的《论诗》是运用绝句形式比较系统地阐发诗歌理论的著名组诗，共有30首，本诗为其中的第11首。元好问主张诗歌创作要以"诚"为本，"一语天然万古新，豪华落尽见真淳"。提倡真淳、创新，反对伪饰做作、故弄玄虚。在这组诗中，他评论了自汉魏至宋代的许多著名作家、作品和流派，表明了其诗学观点和鉴赏情趣，实现了意和境的交融、抽象的议论与形象的诗艺的完美融合，对后世具有重要影响。

这首诗专门论述了诗歌与生活的关系，指出诗歌写作贵在身临其境，亲自体验，方能传神写真。

"眼处心生句自神，暗中摸索总非真。"眼处，即目光所触及的地方。心生，即内心所产生的真实感情。神，出神入化。暗中摸索，是指暗中虚拟，闭门苦思，凭空想象。真，真实的感受。总非真，总是不真实的。这两句诗是说：亲眼接触实际景物，观察生活，感受生活，激发内心真实的诗情，自然而然就会写出传神入化的作品。相反，如果不亲临其境，没有现实生活的感受，仅仅靠暗中冥想、闭门苦思，写出的作品就会缺乏真情实感。

"画图临出秦川景，亲到长安有几人？"临，临摹。秦川景，是古地名，指长安一带的地方，这里指宋代画家范宽所画的《秦川图》。长安，今陕西省西安市。这两句诗的意思是：很多人画秦川的景色，只是临摹范宽的《秦川图》，像杜甫这样亲到长安，身临其境，真切体验，如实写真的，又有几个人呢？

这首诗批评了缺乏现实体验的模拟文风，指出了诗歌（文学）创作的源泉是实践，真情只能来自诗人的切实生活感受。明朝孙承宗的《渔家》与此诗有异曲同工之效："呵冻提篙手未苏，满船凉月雪模糊。画家不识渔家苦，好作寒江钓雪图。"这完全符合辩证唯物主义的实践观和辩证否定观。

实践决定认识，实践是认识的唯一来源。认识是主体对客体的能动反映，这种反映只有在实践中、在主体和客体的相互作用中才能完成。在实践活动中，人们借助于一定的工具同客观物质对象发生关系，使客观对象发生某种改变，并从中获得对客观事物的认识。元好问认为，文学作品不是作家头脑中虚构的，而是客观现实在头脑中的反映。只有像杜甫那样"亲到长安"——深入实践，对客观对象有了实际的接触和体验，才能激发内心的感受，写出出神入化的诗句。如果一味"暗中摸索"，只是临摹前人的作品，是永远不可能在诗中真实地描绘出现实对象的（"总非真"）。这样，元好问就在杜甫和杜诗的摹写者中清晰地画出了一条真假诗人的界线。

辩证的否定是事物联系和发展的环节，其实质是"扬弃"。辩证的否定观要求我们必须树立创新意识，做到不唯上，不唯书，只唯实。我们要立足实践，解放思想，实事求是，与时俱进，不断实现理论和实践的创新与发展。没有亲身实践的体验，仅仅依靠临摹前人的作品，怎么可能画出真正的秦川景色呢？即使画出了秦川景色，又怎么可能有新意呢？因此，只有"亲到长安"，深入实践，耳闻目睹，"眼处心生"，大胆创新，才能创作出出神入化的作品。

# 论　诗（其一）

清·赵翼

满眼生机转化钧，天工人巧日争新。
预支五百年新意，到了千年又觉陈。

　　诗贵创新是赵翼的一贯主张。这首绝句是论诗歌创作，其主旨就在于反对因循守旧，提倡推陈出新，把创新提升到自然、社会和时代变化发展的客观要求这一高度，从而使它具有明显的哲理意味和色彩。

　　诗的前两句，提出了宇宙万事万物都是不断变化的观点，为诗歌创作贵在创新提供了立论根据。化钧，造化、陶钧。化，即造化，指自然界。钧，即陶钧，本指泥水匠制造器物的转轮，此处比喻造就、创建。转化钧，是说大自然就像制造陶器模子下面的转轮一样，是不停运转的。天工，指自然造化之功。人巧，指人类的巧妙创造。这两句诗的大意是：宇宙间"满眼生机"，生生不已，无论是自然造就还是人类巧妙创造的东西，都是日日争新的。这里的"新"可谓全诗之眼或一篇之骨。

　　诗的后两句，承"新"字，以数字概念让人清晰地认识时代的变化与诗歌创新的必然。作者认为，新与旧是相对的，旧事物终究要被新事物所替代。时代是变化发展的，反映时代变化发展的诗歌也应随之不断创新。一首新的诗歌,即使"预支"了"五百年新意",可是"到了千年"之时,势必又会觉得它变得陈旧、过时了。总之,世界上不存在一成不变、万古常新的事物,诗歌创作必须推陈出新,即"诗文随世运,无日不趋新"(赵翼《论诗》)。

这首诗之所以脍炙人口,就在于它不仅强调了诗歌创作要推陈出新,而且还揭示了深刻的哲学道理。

宇宙间的万事万物是运动、变化和发展的,事物的运动、变化和发展具有普遍性,绝对静止不变的事物是不存在的。诗人提出"满眼生机转化钩,天工人巧日争新",把"满眼生机"和"天工人巧"建立在"变化"(即"转化钩"和"日争新")的基础上,是对万事万物生机勃勃、生生不已及其成因的哲理性概括,具有非常可贵的朴素唯物主义思想。

事物的发展具有普遍性和客观性。唯物辩证法认为,发展的实质是事物的前进和上升,是新事物的产生和旧事物的灭亡。而辩证的否定是事物发展的环节,是实现新事物产生和促使旧事物灭亡的根本途径。辩证的否定观要求我们,必须树立创新意识。创新不仅推动社会生产力的发展,推动生产关系和社会制度的变革,而且推动人类思维和文化的发展。实践永无止境,创新永无止境,实践基础上的理论创新是社会发展和变革的先导。诗歌的发展乃至人类文化的发展,都是通过创新来实现的。"预支五百年新意,到了千年又觉陈",运用假设、夸张的手法,强调诗歌创作贵在创新,实际上也揭示了万事万物新陈代谢、辩证否定发展的客观规律。

意识，是"地球上最美丽的花朵"，是物质世界长期发展和社会实践的产物，是人脑特有的机能，是客观存在的反映。

实践是人们改造客观世界的物质性活动。实践是认识的基础，对认识具有决定作用；认识对实践具有反作用，科学理论对实践具有指导作用。真理是人们对客观事物及其规律的正确反映。人类在实践中认识和把握世界的过程，也就是追求真理的过程。与时俱进，开拓创新，在实践中认识和发现真理，在实践中检验和发展真理，是我们不懈的追求和永恒的使命。

未来社会，电脑与人脑，谁是主宰？这是一个既前卫又似乎令人心忧的话题。电脑可以模拟人的思维，代替人类的一部分体力和脑力劳动。有人预言，在不远的将来，电脑将无所不在，无所不能。电脑能替代人脑，主宰人的意识吗？让我们一起来揭开思维的奥秘吧！

# 放　言（其一）

唐·白居易

朝真暮伪何人辨，古往今来底事无。

但爱臧生能诈圣，可知宁子解佯愚。

草萤有耀终非火，荷露虽团岂是珠。

不取燔柴兼照乘，可怜光彩亦何殊。

　　白居易（772—846），字乐天，号香山居士，祖籍太原（今山西太原市西南），后迁居下邽（guī）（今陕西渭南北）。在古典诗歌最繁荣的唐代，在像闪耀于天空的繁星一样众多的诗人之中，杰出者除了李白和杜甫，或许应数白居易。

　　这首诗是奉和元稹的《放言》诗而作。诗前有序："元九（元稹——引者注）在江陵时有《放言》长句诗五首，韵高而体律，意古而词新。……予出佐浔阳，未届所任，舟中多暇，江上独吟，因缀五篇，以续其意耳。"由此可知，这是宪宗元和十年（815），诗人被贬赴江州途中所作。唐宪宗元和五年（810），元稹因劾奏剑南东川节度使严砺等人的不法行为，得罪权贵，被贬为江陵（今湖北江陵）士曹参军，心情很愤慨，便写了五首七律《放言》。元和十年，白居易因上疏要求追捕和查清刺杀宰相武元衡的凶手，触犯权贵，被贬为江州（今江西省九江市）司马，和元稹当年的遭遇一样，于是效法元稹，也写下了五首《放言》诗，作为奉和。诗题"放言"，就是无所顾忌，畅所欲言。组诗就社会人生的真伪、祸福、贵贱、贫富、生死诸问题纵抒己见，宣泄了对当时朝政的不满和对自身遭遇的愤懑不平。这里所选的是第一首，纵论辨伪。

首联开门见山地指出：早晨真黑夜假何人能辨，从古至今莫不是这样。辨：辨别。底事：何事，指朝真暮伪的事。"朝真暮伪何人辨，古往今来底事无。"从反面告诉我们：世界上的事物是复杂的，存在着现象与本质的区别，事物的本质是隐藏在现象之中，并通过现象来表现的。人的认识具有能动性，不仅要认识事物的现象，而且要认识事物的本质，要透过现象看本质。

颔联两句都是用典，是借历史人物进一步说明我们辨别人也要透过现象看本质，不能为假象所迷惑。但：只。臧生：名纥，字武仲，春秋时代人，曾任鲁国司寇。诈圣：诡诈有智慧。圣：通晓一切，智慧。臧生表面上看像一个圣人，其实是一个凭实力要挟君主的奸诈之徒。宁子：名俞，字武子，卫国人。解：懂得。佯愚：装作愚蠢。《论语·公冶长》说，国家治理得好时宁子就"智"，治理得不好时他就"愚"。臧生奸而诈圣，宁子智而佯愚，性质不同，作伪则一。然而，世人只爱臧武仲式的假圣人，而不知道宁武子那样装着愚蠢的高贤。

颈联两句都是比喻，举自然现象说明不同的事物虽然外表相似，但假的就是假的，以假充真只能蒙混一时。草萤：萤火虫，古人误认为它是由腐草变化而成，故称草萤。耀：亮光。荷：荷叶。露：露珠。团：圆。草丛间的萤火虫，虽有光亮，但它终究不是火光；荷叶上的露水，虽呈圆形，岂能是真的珍珠？然而，它们偏能以闪光、晶莹的外观迷惑人，人们又往往为假象所蒙蔽。

尾联紧承颈联萤火露珠之喻，明示辨伪之法。燔（fán）柴：放在祭坛上烧的柴火。照乘：一种能照明的宝珠。可怜：可爱。殊：不同，区别。这两句是说：如果不把燔柴的火光与萤火虫的光亮、"照乘"宝珠的光亮与荷叶上的露珠进行比较，那么，如何判定草萤非火、荷露非珠呢？诗人在此提出了对比是辨伪的重要方法。

这是一首寓意深刻的哲理诗。全诗以凌厉的笔触，借助形象，运用比喻，阐明哲理，通篇洋溢着不可遏制的激情，能使读者深切领悟其中的哲理。

人们在实践中接触事物，开始只是事物的各个现象分别通过人的眼、耳、鼻、舌、身反映到头脑中来。然而，现象与本质存在着区别。现象是事物的表面特征和外部联系，是个别的、多变的东西。本质是事物的根本性质，是同类现象中一般的东西，是事物相对稳定的内部联系；规律是事物运动过程中固有的、本质的、必然的、稳定的联系。我们认识了事物的现象，并不等于认识了事物的本质和规律。另外，事物的现象有真象和假象之分，事物的假象是事物本质的虚假表现形式。面对复杂的事物，我们必须辨别真伪，分清真假，辨别"朝真暮伪"之事。

人具有自觉能动性，人类积极能动地认识世界的能力和活动首先表现在，人在实践的基础上不仅能了解事物的外部现象，而且能通过抽象思维活动把握事物的本质和规律。因此，在实践活动中，人能够辨别真伪，能够通过对比等科学的思维方法，透过事物的现象来揭示其本质与规律，去粗取精，去伪存真，由此及彼，由表及里，不为假象所蒙蔽。

# 晚　春（其二）

宋·王令

三月残花落更开，小檐日日燕飞来。

子规夜半犹啼血，不信东风唤不回。

王令（1032—1059），北宋诗人，字逢原，广陵（今江苏扬州）人。生活贫困，以教书为生，却有远大的抱负和超人的才华，尤以诗见长。其诗构思新奇，造语精辟，气势磅礴，激情四溢，富有浪漫色彩，在北宋诗坛上别具一格。有《广陵先生文集》传世。

这是一首以送春为主题的诗，但却一改那种惜春伤感的情调，表现了积极进取、奋斗不息的人生追求。

"三月残花落更开，小檐日日燕飞来"，以"三月"点明此时已是暮春时节，抓住"残花落更开"和"燕飞来"，具体描绘出了暮春时节的景象。残花：晚春撒落在地上的开败的花。更：又、重、再。更开：又开了。檐：屋檐。诗的大意是：三月暮春时节，早春开的花儿落了，现在又开出了花朵。屋檐下，天天都有燕子迁徙飞回来。花落而再开，多么执着，多么顽强！燕飞来飞去，多么活泼，多么可爱！这两句描写的是花落花开、飞燕来去的暮春景色，隐喻事物新旧交替、轮回往返的自然规律。

"子规夜半犹啼血，不信东风唤不回"，是转入对子规夜半啼叫的描写，点明子规啼叫是为唤回春天。子规：杜鹃鸟，常在暮春时节啼鸣，其叫声非常凄厉、悲切，以至嘴里流出血来。东风：春风。这两句的大意是：杜鹃鸟在半夜里不停地啼叫，它不相信自己不能把春风呼唤回来。子规啼血，多么凄婉，多么深情！以"啼血"之苦，呼唤"东风"，显示了子规不屈不挠的精神。这两句运用拟人的手法来写杜鹃鸟，借此表达了珍惜春天的情怀，显示了作者的自信和执着追求的态度。

这首诗情深意切，清新隽永，富于哲理，符合辩证唯物主义关于规律的客观性和人的主观能动性辩证统一的哲学原理。

春将归去，人多惜之，王令自然不能例外。不过，诗人惜春主要是借物言情，层层推进，与一般人的写法不同。花与燕以及杜鹃鸟都惜春，都不愿离去，这是共性；但表现形式却不同，花再开，燕飞来，杜鹃犹啼血，都有自己的特点，这是个性。可见，共性寓于个性之中，并且是通过个性而表现出来的。

花开花落，春去春回，是受客观的自然规律支配的，是不以人的意志为转移的。面对落花残花，诗人不仅没有那种面对自然规律"无可奈何花落去"的叹息，反而抒发了"不信东风唤不回"的豪情壮志。这是不是无视客观规律呢？不是。相反，这正符合辩证唯物主义哲学的一个基本观点：人具有主观能动性，能够正确地认识和改造世界。规律是客观的，是具体的、有条件的，人在客观规律面前不是无能为力的，人能够认识和利用规律，为人类谋福利。

任何事物都是变化发展的，任何事物都有一个产生、发展和灭亡的过程。送别通常是新的开始，送别了百花凋残的暮春，迎来的是欣欣向荣的夏季。只要我们像杜鹃鸟一样执着，春风是可以唤回的，人类是可以战胜自然的。诗人借"不信东风唤不回"所表达的坚定信念和积极向上的精神，难能可贵，催人奋进。如果说当时诗人唤回春天还只是一个美好的愿望，那么，现代科技的发展，已经可以使这种愿望变成现实。如今，人们在严冬欣赏春花，品尝夏果，已经习以为常。这正是人们在遵循客观规律的基础上，充分发挥人的主观能动性的成就。

在生活中遇到困难和挫折时，请你一定要攥紧拳头，振臂高呼："不信东风唤不回！"

# 除夜作

唐·高适

旅馆寒灯独不眠，客心何事转凄然？
故乡今夜思千里，霜鬓明朝又一年。

　　高适（约700—765），字达夫、仲武，渤海郡（今河北省景县）人，盛唐著名边塞诗人，与岑参并称"高岑"。高适的诗直抒胸臆，不尚雕饰，以七言歌行最富特色，大多写边塞生活。有《高常侍集》《中兴间气集》等传世。

　　春节，在我国传统佳节中堪称第一大节。除夕之夜，则是一年中最神圣的时段，所谓"一夜连双岁，五更分二天"，传统的习惯是家家户户团圆"守岁"，开怀畅饮，辞旧迎新。除夕赋诗，乃墨客骚人的一大乐事。

　　这首诗高适作于玄宗天宝九年（750）除夕之夜。那年秋天，高适以封丘尉启程送兵至范阳节度之清夷军（今河北怀来），归程恰好是除夕。高适熟悉边塞生活，对戍边将士、潦倒旅途馆驿的游客在除夕之夜有家不能归的生活深表同情，于是写下了《除夜作》。

　　首句"旅馆寒灯独不眠"，以"旅馆"二字开头，看似平平，却不可忽视，全诗的感情由此生发开来。在新桃即将换旧符的除夕夜，诗人羁旅天涯，独自一人待在旅馆里，茕茕孑立，形影相吊，遥想家乡亲人们在灯火通明的大厅欢聚一堂，自己又怎能睡得着呢？两相对照，不觉触景生情，连眼前那盏同样有着光和热的灯，竟也变得"寒"气袭人。"寒灯"二字，渲染了旅馆的清冷和诗人内心的寂寞。寒灯只影自然难以入眠，更何况是除夕之夜！而"独不眠"自然又会想到一家团聚、其乐融融的守岁景象，那更是叫人难耐。这一句看上去是写眼前景、眼前事，却处处从反面紧扣诗题，描绘出孤寂清冷的意境。

第二句"客心何事转凄然"，是一个转承的句子，用提问的形式使思想感情更明朗化，从而逼出下文。"客"是自指，因身在他乡，故称"客"。究竟是什么使得诗人"转凄然"呢？当然还是"除夜"。晚上，那一片浓厚的除夕气氛，把自己包围在寒灯只影的客舍之中，孤寂凄然之感便油然而生了。

第三句"故乡今夜思千里"，采用"心已神驰到彼，诗从对面飞来"的映衬手法，借彼写己，不说自己思念家人，而说家人思己，把深挚的思乡之情表达得更为婉曲含蓄。"故乡"，是借指故乡的亲人；"千里"，借指千里之外的自己。千里之外欢聚一堂的家人尚且想念自己，于旅途寒灯下独处的自己，思亲之苦更可想而知。其实，这一句正是"千里思故乡"的一种表现，能引起人们对上句"凄然"之情的共鸣。亲人思念诗人，其实恰恰是诗人自己感情的折射，将真挚的情思抒发得更为婉曲含蓄。

末句"霜鬓明朝又一年"，引发出明朝"霜鬓"还将增添几缕的无尽感慨，充分抒发了身居客地的那种孤寂、凄然的伤感，可谓言已尽而意无穷。霜鬓，即两鬓雪白如霜。"今夜"是除夕，所以明朝又是一年了，由旧的一年又将"思"到新的一年，这漫漫无边的思念之苦，又要在霜鬓增添新的白发。"故乡今夜思千里，霜鬓明朝又一年"，正是把双方思之久、思之深、思之苦，集中地通过除夕之夜抒写出来，圆满地表现了诗的主题思想，道出了边塞游子在除夕之夜远离故乡，孑然一身，孤灯相伴，思念亲人，彻夜难眠的凄凉伤感之情。

从哲学的角度来审视此诗，我们不说"霜鬓明朝又一年"所反映出的"事物是运动和变化"的哲理，仅就"故乡今夜思千里"而言，就充分体现了"物质决定意识"和"人的意识能动性"的哲理。意识是客观对象在人脑中的反映，意识的内容来自于客观物质世界，是由物质决定的。"思"，思念，是人的意识的具体表现。那么，为何会"思千里"呢？这是因为"故乡的亲人在这个除夕之夜定是想念着千里之外的我"，而对于除夕夜不能归家、客居在外的人，那惆怅、思念之情也是刻骨铭心的。一言以蔽之，"思千里"是由自己与亲人这种现实存在决定的。

除夕之夜，意味着生命流逝的界碑，最容易引发诗人的生命意识，引发诗人对生命意义的思考。高适《除夜作》的动人之处就在于将故乡之思与羁旅寒灯之下的凄然感受放置在具有欢乐色彩的除夕之夜，将"霜鬓"的生命体验置于"明朝又一年"这一时光流逝的临界点，将生命有限的无奈与故乡千里的空间阻隔对应，含蓄地表达了生命新旧交替的哲理。孤高傲世的人总是对寥廓旷远又宁静的天地情有独钟，从孤寂中往往可以酝酿出生命的诗情。除夕之夜，独处旅馆的高适体味到的是生命的孤苦无奈，但他在孤独中真实地生活着，体味着生命的广博丰厚。读完这首诗，我们是否应当更加珍惜生命，珍惜常常陪伴在我们左右的家人呢？！

# 水调歌头·游泳

（一九五六年六月）

当代·毛泽东

才饮长沙水，又食武昌鱼。万里长江横渡，极目楚天舒。不管风吹雨打，胜似闲庭信步，今日得宽余。子在川上曰：逝者如斯夫！

风樯动，龟蛇静，起宏图。一桥飞架南北，天堑变通途。更立西江石壁，截断巫山云雨，高峡出平湖。神女应无恙，当惊世界殊。

　　毛泽东喜欢游泳。这是他惟一一首以游泳为题的诗词。1956年夏天，毛泽东离开故里长沙后，又到武昌视察。时值武汉长江大桥正加紧施工，全面开发长江的规划正在制定。诗人看到祖国建设迅猛发展的大好形势，兴致极高，心情欢快，从6月1日至4日，三次畅游长江，中流击水。在第一次畅游长江之后，毛泽东以大江东去的气势，力主沉浮的豪情，写出了言中国人民建设社会主义之志的新作《水调歌头·游泳》。

　　起句"才饮长沙水，又食武昌鱼"，以亲切、自然、平和之心向读者娓娓道来巡视的行踪和心情。据《三国志·吴书·陆凯传》记载：吴主孙皓要把都城从建业（故城在今南京市南）迁到武昌，老百姓不愿意,有民谣说:"宁饮建业水,不食武昌鱼。"毛泽东翻旧时民谣,稍加改动,一反原意,读来亲切自然,意趣横生。在这里,"才……,又……"不仅是时间的连贯和空间的转换,也传达出诗人风尘仆仆巡视各地的轻快、兴奋、开朗的心情;"饮"与"食"两个生活细节相映成趣,显得兴致勃勃;"长沙水"与"武昌鱼"两种富有特色的湘鄂风物,写来则亲切如见,情意拳拳。

接着,笔力一转,拨出雄音——"万里长江横渡,极目楚天舒",点明此诗之主旨是"游泳",既是对游泳的特定环境、空前壮举的描写,更是一种豪迈意志的呈现。极目,放眼远望。武昌一带在春秋战国时属于楚国的范围,所以作者把这一带的天空叫"楚天"。"舒",舒展,开阔。诗人在1957年2月11日写给民主人士黄炎培的信中注解了此句:"游长江二小时漂三十多里才达彼岸,可见水流之急。都是仰游、侧游,故用'极目楚天舒'为宜。"万里江天,上下映衬,横渡纵目,情景交融。诗人在繁忙的公务之余,在开阔的江面上游泳,十分欢快,十分惬意。一个"舒"字,从侧面写出了心情之舒畅开朗,显示出诗人藐视天堑的恢宏气度。

接下来的三句,直抒游泳时的强烈感受:"不管风吹浪打,胜似闲庭信步,今日得宽余。"长江风大浪急,但却"胜似闲庭信步",多么从容,多么豪迈!这里补写一笔大江景象,引出一个新奇的比喻,在动静两种环境的强烈对比中,用三层递进的议论,酣畅地表达了诗人中流击水的壮志豪情。"得宽余",从正面写出了作者心中的舒展与自在。这是解脱束缚的畅快,是长久渴望的满足,是俯仰自得的轻松,是驾驭风浪的喜悦。

正是在这样的基础上,引出了上阕的结句:"子在川上曰:逝者如斯夫!"毛泽东游泳之际见长江逝水,联想而及孔子之语,乃一字不易地截取了《论语·子罕篇》中的成句,且赋予了崭新的意义。这里既有对时光流逝的慨叹，又有对峥嵘岁月的怀念；既有对历史的追溯，又有对自然规律的探究；既有对生命的感悟，又有对世事人生的思索；既有感情的憧憬，又是只争朝夕、催人奋进的号角。总之，对孔夫子这句话的妙用，妥帖自然，不着斧凿痕迹，既加深了词的意境，意味更加隽永，又为过渡到下阕作好了准备。

词的下阕回到眼前的实景，自然展开了建设武汉长江大桥的宏伟蓝图。"风樯动，龟蛇静，起宏图。一桥飞架南北，天堑变通途。"风樯，指风帆和樯橹，代指长江中的帆船；龟蛇，指龟山和蛇山。一桥飞架南北，指当时正在修建的武汉长江大桥。天堑，沟壕。古人把长江视为"天堑"。下阕一起，阵阵急进，又鼓青春风发之气，大书诗人心中构架的新中国之宏伟蓝图。在这里，"动"、"静"、"起"、"飞"、"变"，一连串富有表现力的词语，不仅写出游长江之所见，写出了大桥兴建的飞快速度和即将见到的大桥凌空的雄伟形象，而且写出了一桥贯通大江南北的历史意义，充分展现了中国人民的豪迈气概。

"更立西江石壁，截断巫山云雨，高峡出平湖"三句，思绪遥远，神游三峡，展现了一幅壮丽神奇的理想图景。"西江石壁"，指计划中的长江三峡大坝。巫山，在四川省巫山县东南。巫山形成的峡谷巫峡和上游的瞿塘峡、下游的西陵峡合称三峡。巫山云雨，楚国宋玉《高唐赋·序》中说，楚怀王在游云梦泽的高唐时曾梦与巫山神女相遇，神女自称"旦为朝云，暮为行雨"。这里只是借用这个故事中的字面和人物。新中国成立伊始，百废待兴。毛泽东代表人民的意愿，把"治理长江，解除中下游洪患"列为重要的治国事项。1953年，毛泽东首次视察长江，便提出"集中在三峡卡住，毕其功于一役"的建坝防洪设想。又三年，他以政治家诗人的如椽巨笔，更形象地挥写出了三峡工程的惊世宏图。将来要在长江三峡一带建立巨型水坝（"西江石壁"）蓄水发电，水坝上游原来高峡间狭窄汹涌的江面将变为平静的大湖。届时，巫山的雨水都将流入这个"平湖"。

"神女应无恙，当惊世界殊。"毛泽东的目光进而穿越现实，投向了神话世界。那个无所不能、天荒地老地在巫峡峰顶矗立的"神女"自然会健在如故，面对即将出现的三峡新貌，她应当惊叹：这世界大变样了！毛泽东把现实与理想、典故和神话有机地融为一体，增添了汉语的文化魅力，意境感人之深难以言表。

毛泽东是杰出诗人，也是伟大的政治家和哲学家。在漫长的革命生涯中，他的每一首诗词，都成为一次事件、一段岁月、一种激情的永恒留影，成为他理想抱负和奋斗追求的见证。这一首词，起伏跌宕，大气回旋，想象浪漫，文采华美，既抒发游泳的舒畅之感，又描绘了时光流逝，也讴歌了新中国建设的飞速发展，展现了社会主义建设宏伟蓝图的浪漫联想，更充满了深邃的哲理。

世界上的一切事物都是运动、变化和发展的。物质是运动的主体，运动是物质的固有属性和存在方式。事物的运动与静止是辩证统一的，动中有静，静中有动。绝对静止的事物是不存在的。毛泽东的这首词，从字里行间渗透着事物运动和变化的哲学原理。从"才饮长沙水，又食武昌鱼""万里长江横渡"到"子在川上曰：逝者如斯夫"，从"风樯动，龟蛇静，起宏图""一桥飞架南北""高峡出平湖"到"神女应无恙，当惊世界殊"，都充分揭示了事物的运动、变化和发展。

# 观书有感（其一）

宋·朱熹

半亩方塘一鉴开，天光云影共徘徊。
问渠那得清如许，为有源头活水来。

朱熹（1130—1200），字元晦，号晦庵，别称紫阳先生，徽州婺源（今江西婺源县）人，是继孔子之后又一位具有世界影响的思想家、哲学家、教育家。他"穷理以致其知，反躬以践其实"，竭其精力，广注典籍，对经学、史学、文学、乐律以及自然科学，都有不同程度的贡献。当代著名历史学家蔡尚思有诗赞曰："东周出孔丘，南宋有朱熹；中国古文化，泰山与武夷。"

有人以为诗是形象思维的产物，所以只宜写景抒情而不宜说理。这虽有几分道理，但决不能绝对化。因为理可以用形象化的手段表现出来，从而使得它与景和情同样富于吸引力。同时，理本身所具有的思辨性往往是引人入胜的。因此，古今诗作中并不缺乏成功的哲理诗。

朱熹集北宋以来理学之大成，写了一些蕴含哲理的诗篇。《观书有感》就是一首脍炙人口的哲理诗。该诗从字面上看好像是一首风景诗，是田头即兴，实际上是借景喻理，形象地表达了一种微妙难言的读书感受，包含着隽永的意味和深刻的哲理，富于启发而历久弥新，寄托着对莘莘学子的希望。

"半亩方塘一鉴开，天光云影共徘徊"，是描写，形象生动，贴切自然，读来意趣盎然，耐人寻味。作者以比喻入诗，以镜喻池，写方塘映照之美，喻书中之丰富。首句把"方塘"比作一本书，因书为长方形，故有"半亩"之说。半亩：形容池塘之小。方塘：方形的水塘。鉴：镜子。古人以铜为镜，包以镜袱，用时打开。一鉴开：像一面镜子被打开，意谓半亩方塘像一面镜子被打开。天光：天空中明亮的光色。云影：云的影子。徘徊：来回走动。这句写塘水清澈，天光云影映照在水中，不住地晃动，好像与天上的光色云影在一道徘徊。你看，一块半亩的小水塘，在诗人笔下似展开的一面镜子，起笔就恬静而幽雅得让人立时展开了想象的翅膀。第二句更引起读者遐想，这面"镜子"映照着天上徘徊的云影，可想那清澈的水面是多么静谧可爱！"天光云影"不仅可以映像于池水上，且更具"共徘徊"之细微情态。这一笔写活了景致，又承接前句暗示了池水"清"且"深"的特征。"清"与"深"方能映照云影呈现"徘徊"之态，"浊"与"浅"是无法达到如此效果的。方塘如镜面般明净，这是静。天光云影在其中闪耀浮动，这是动。静中有动，动中有静，呈现为一种动静融合的美妙画面，令人赞叹不已。诗人在描绘如许美景的同时暗示、引导读者沉潜入静思中。

"问渠那得清如许？为有源头活水来"，是说理，具有"理趣"，理由形出，理不离形，故能发人深省。作者在第三句提出了一个问题：这水为什么如此清澈呢？按照常理，池水多为死水，浑浊异常，愈深愈浊。为何眼前之深池清澈可见？末句解答：是因为有"源头活水"汩汩而出，注入池塘。渠：它，指方塘里的水。那得：怎么会有。清如许：这样清澈。如许：如此，这样。为：因为。活水：指流动不息的水。要问这池塘怎么这样清澈？原来有活水不断从源头流来啊！诗的寓意深刻，以源头活水比喻读书，只有不断吸取新知识，才能取得日新月异的进步。

仅就诗句来看，全诗所描绘的美丽自然风光非常清新明快，一看题目，则是观书的感想，顿时这美的意境得以升华，与读书相融合。"观书"与"方塘"有什么关系呢？原来，诗人是将方塘喻为明镜，以清澈的塘水为喻，生动地描写了读书达到心领神会的高超境界。人的心灵要像塘水一样清澈，就必须要有像活水一样的书中新知源源不断地注入。

这是一首富有哲理的小诗，我们可以从多个方面来理解。该诗以象征的手法，将学子读书的内心感受化作可以感触的具体形象加以描绘，让读者自己去领略其中的奥妙，感受读书的重要性。人们要获得对事物的正确认识，主要有两个途径：一是亲身参与实践活动而获得直接经验，二是通过知识的学习和传递而获得间接经验。读书又是获得间接经验的一种重要手段。我们既要学习书本知识，又要参加社会实践，要把读书与实践有机结合起来。这首诗不仅描写了池塘的美丽景色，还通过"池塘只有不断注入活水才能清澈"这一现象，联想到了"人只有不断读书，不断汲取新的知识，才有日新月异的进步"这一深刻的哲理。

这首诗以池塘为喻，说明为学之道，必须不断积累，不断更新，才有生气，从而揭示了事物变化发展的观点。任何事物都是运动、变化、发展的，万事万物只有在运动中才能保持自己的存在。正是这种不间断的运动和变化，才使事物在不断自我更新的过程中存在与发展。这种运动一旦停止，事物也就不可能存在与发展。如果没有知识的不断积累、不断更新，一个人的学问也就会变成一潭死水，毫无生气与进展。

　　朱熹是北宋以来理学集大成者，在他那里，作为"源头活水"的书中新知，显然是他积极倡导的理学思想。他认为，理是世界的本原，"理在先，气在后"。理是万物之本，万化之原，自然也是我们思想或生活的取之不尽、用之不竭的"源头活水"。这是其客观唯心主义哲学思想的体现。今天，我们读这首诗，不能只是局限于读书与穷理的关系，而应当赋予它新的时代内涵。读书是获得新知的重要途径，实践是认识的唯一来源。鲜活的知识只能来源于实践，来源于生活。因此，真正的"源头活水"应当是社会实践。只有在社会实践中，在改造客观世界的同时，才能升华我们的主观世界，使个人得到全面的、健康的发展。

　　这首诗比喻贴切，形象生动，意境深远，耐人寻味。一首小诗，既给读者美的享受，又给读者哲理的启迪，故历久弥新，为人们所传诵。

# 浪淘沙（其八）

唐·刘禹锡

莫道谗言如浪深，莫言迁客似沙沉。
千淘万漉虽辛苦，吹尽狂沙始到金。


刘禹锡（772—842），字梦得，洛阳（今河南洛阳市）人，中唐著名诗人。他的诗高亢激昂，意气纵横，语言刚健，笔锋犀利，总有一种哲人的睿智和诗人的挚情渗透其中，极富艺术张力和雄伟气势。

此诗是组诗《浪淘沙》九首中的第八首。诗人以淘沙漉金为喻，抒发政治抱负，表现了在谪官逆境中的乐观精神和坚定信念，蕴含着对真理执着追求的哲理。

刘禹锡22岁即进士及第，是一位极富魄力和抱负的政治家，但"有才之人，谗言必至"。"永贞革新"失败后，他一再受到政敌的恶毒攻击，而且被远谪边荒达23年之久。"谗言如浪深"、"迁客似沙沉"，正是诗人对自身经历的形象概括。然而，面对这一切，诗人并没有悲观失望。"莫道谗言如浪深，莫言迁客似沙沉"，不要说流言蜚语宛如江河的浪涛一样深不可测，不要说被贬谪的人好似泥沙一样沉沦江河。在这首诗中，前两句之首分别冠以"莫道"、"莫言"两个否定，说明诗人对"谗言如浪深"、"迁客似沙沉"视若等闲，虽屡遭贬谪，仍保持着豁达和坚定无畏的乐观精神。

诗的后两句，承前而生发，运用比喻的手法，寓哲理于描写、抒情和议论之中："千淘万漉虽辛苦，吹尽狂沙始到金。"千万遍地淘金虽然辛苦，但只有漉尽了泥沙，才会露出闪光的黄金。诗人在句中借点题之"淘"字，道出了前两句比喻的真意。蒙受谗言的"迁客"是真金，而进谗的政敌却如"狂沙"。狂沙最终是埋不住真金的。谗言和贬谪使人历尽辛苦，但终归会经受住磨难而显示出自己不是无用的废沙，而是闪光的黄金。这是多么乐观、自信、豪迈、昂扬！这种坚持真理的精神，这种对人生世态的真知灼见，能给人们以深刻的启迪，引起不同时代人们的情感共鸣。刘禹锡可谓一颗宝贵的"真金"，令世人景仰。

古诗的哲理内涵往往是随着时代的发展而发展的。"千淘万漉虽辛苦，吹尽狂沙始到金"的本意是说经过时间的考验，自己所受的不白之冤一定会得到澄清。我们今天来读这首诗，则可受到更多的启迪：在人生的道路上，我们难免会遇到众多的困难和挫折，但我们必须要有真理必胜的坚定信念和百折不挠的顽强意志。惟有如此，才能走向成功。

"千淘万漉虽辛苦，吹尽狂沙始到金。"认识的对象是无限变化着的物质世界，作为认识主体的人类是世代延续的，作为认识基础的社会实践是不断发展的，因此，人类的认识是无限发展的。追求真理是一个永无止境的过程。真理永远不会停止前进的步伐，它在发展中不断地超越自身。虽然追求真理的过程漫长"辛苦"，但经过"千淘万漉""吹尽狂沙"的过程，我们一定会得到"真金"，享受成功的喜悦。与时俱进，开拓创新，在实践中认识和发现真理，在实践中检验和发展真理，是我们不懈的追求和永恒的使命。

"千淘万漉虽辛苦，吹尽狂沙始到金。"愿我们以此互勉。

# 冬夜读书示子聿（其三）

宋·陆游

古人学问无遗力，少壮功夫老始成。

纸上得来终觉浅，绝知此事要躬行。


陆游（1125—1210），字务观，号放翁，越州山阴（今浙江绍兴）人，南宋杰出爱国诗人。他一生以诗文为武器，抒写抗敌御侮、恢复中原的激越情怀和有志难伸的忧愤，气势雄浑，感情奔放，在文学史上具有深远影响。

宋宁宗庆元五年（1199）冬日寒夜，北风呼啸，冷气逼人，诗人却浑然忘我，沉醉书房，啃读诗书。静寂的夜里，他抑制不住心头奔涌的情感，毅然挥就了《冬夜读书示子聿》八首，满怀深情地告诉小儿子陆聿做学问的道理。本文所选是其中的第三首，诗文只有短短28个字，通俗易懂，朴实平凡，意境深远，余味无穷，蕴含着十分深邃的人生哲理。

"古人学问无遗力，少壮功夫老始成"，是赞扬古人刻苦学习的精神以及做学问的艰难，说明只有在少年时养成良好的学习习惯，竭尽全力地打好扎实基础，将来才能成就一番事业。陆游从古人做学问入手娓娓道来，使人备感亲切清新，如沐春风。"遗"，即保留。"无遗力"，即无保留、竭尽全力之意。"无遗力"三个字，形容古人做学问勤奋用功、孜孜不倦的程度，既生动又形象。"少壮功夫老始成"，阐述了做学问应当持之以恒的道理。诗人写这首诗时，陆垚21岁，正值"少壮"。他语重心长地告诫儿子，要趁着年少精力旺盛，抓住美好时光奋力拼搏，打下坚实的基础，积累丰富的经验，莫让青春年华付诸东流。反之，如果急于求成，"少壮不努力"，只能是"老大徒伤悲"。此乃言切切，情深深。

"纸上得来终觉浅，绝知此事要躬行"，则提出了一个重要的读书原则，即"知"与"行"的结合，即理论必须与实践相结合。"纸上"，指书本上。"纸上得来"，指的是书本知识。"绝知"，彻底知晓。"绝知此事"，指的是真正把握事物的底蕴。"躬行"，是指亲自去实践。"要躬行"包含两层意思：一是学习过程中要"躬行"，力求做到"口到、手到、腿到"，这是学者的一种"躬行"；二是获取知识后还要"躬行"，即通过亲身实践化为己有，转为己用。孜孜不倦、持之以恒地做学问固然很重要，但仅此还不够，从书本上学到的知识终究显得浅薄，要真正弄懂所学的知识，必须实践。一个既有书本知识，又有实践经验的人，才是真正有学问的人。陆游自己酷爱读书，而此诗正是"冬夜读书"时写下的，这里说"绝知此事要躬行"，语气坚决，且是自己的经验概括，现身说法，因而很有说服力。诗人在书本知识与社会实践的关系上，强调了社会实践的重要性，符合唯物主义认识论"实践第一"的基本观点，凸显其不凡的真知灼见。

这首诗以阐述哲理而闻名于世，能使我们在理性的思辨中受到教益。"古人学问无遗力，少壮功夫老始成"，揭示了量变与质变辩证统一的哲理。量变是质变的前提和必要准备，质变是量变的必然结果。事物的变化都是从量变开始的。没有事物的量变，就不会有质的飞跃。无论是读书，还是做其他事情，都应当"无遗力"，即付出艰苦的努力，积少成多。只有重视量的日积月累，才会有质的飞跃，最后达到"成"。

"纸上得来终觉浅，绝知此事要躬行"，体现了实践与认识辩证统一的哲理。实践与认识是辩证统一的，实践决定认识，认识是实践的反映，科学理论对实践具有指导作用。直接经验和间接经验是人们获取知识的主要途径。从书本中汲取营养，学习前人的知识和技巧是非常必要的，它是人们掌握知识、积累知识的一个重要方法，即形成间接经验。而直接经验是获取知识的另一个重要途径，实践是认识的基础，是认识的唯一来源，是认识发展的根本动力，是认识的最终目的和归宿，也是检验真理性认识的唯一标准。如果"两耳不闻窗外事，一心只读圣贤书"，不去参加社会实践，不去接触广阔的社会生活，那么，人的认识始终觉得"浅显"。只有"躬行"实践，把书本知识与实践相结合，才能发挥认识对实践的反作用，实现从认识到实践的飞跃。陆游的这种"躬行"治学观，对我们今天治学与做人，都具有重要的启示。

# 过沙头

宋·杨万里

过了沙头渐有村，地平江阔气清温。
暗潮已到无人会，只有篙师识水痕。

杨万里（1127—1206），南宋诗人，字廷秀，号诚斋，吉水（今属江西）人。绍兴二十四年（1154）进士，官至秘书监。他以正直敢言，累遭贬抑，晚年闲居乡里。诗与尤袤、范成大、陆游齐名，称"南宋四大家"。他的诗构思新巧，语言通俗，风格纯朴，自成一家，号为"诚斋体"。杨万里一生写作极为勤奋，相传有诗2万余首，现存4200余首，诗文全集133卷，名《诚斋集》。

这首诗明白晓畅而富有深意，是一首脍炙人口的哲理诗。全诗用语浅显，意象鲜明，妙趣横生，寓意深刻，耐人寻味，能使人不知不觉地领略哲理，得到美的艺术享受。

事物的运动是有规律的，而且事物运动的规律是客观的，不以人的主观意志为转移。人的认识具有主观能动性，能够认识事物的本质和规律。人的认识，就是要透过事物的现象认识其本质和规律。在江中行船，过了沙头之后，渐渐看到了村庄，地平江阔，空气清爽温凉。然而，在这种地平江阔、风平浪静的假象背后，往往会有"暗潮"涌动。只有明察秋毫，识别"水痕"，即透过水流变化的痕迹，才能认清"暗潮"，把握潮水涨落的规律。

任何事物内部矛盾着的双方都是对立统一的。这种对立统一推动了事物的运动、变化和发展。而事物的变化发展是前进性与曲折性的辩证统一。我们既要看到前途是光明的，又要学会走曲折的路。在江中行船，既有"地平江阔"，又有"暗潮"涌动。如果只见"地平江阔"、风平浪静，不见"暗潮已到"、急流险滩，就会导致船沉江底的悲剧。

实践是认识的基础，是认识的唯一来源。人的认识不是头脑中自生的，也不是从天上掉下来的，而是在社会实践中逐步积累而来的。暗潮已然来到，而常人却不知道，因为他们没有水上的生活经验，对潮水涨落的规律并不知晓；而篙师长年累月在江上撑船，对水的深浅、流速的快慢等情况都一清二楚，能察觉水的些微变化。这就揭示了一个深刻而具有普遍意义的哲理：实践出真知。

# 放 言（其三）

## 唐·白居易

赠君一法决狐疑，不用钻龟与祝蓍。

试玉要烧三日满，辨材须待七年期。

周公恐惧流言日，王莽谦恭未篡时。

向使当初身便死，一生真伪复谁知?

　　元和五年（810），白居易的好友元稹因得罪了权贵，被贬为江陵士曹参军。在江陵期间，元稹写了五首《放言》诗表达自己的心情。元和十年，白居易因上书急请追捕刺杀宰相武元衡的凶手，遭当权者忌恨，被贬为江州司马。此时，他感慨万千，也写下五首《放言》诗奉和。诗题"放言"，就是无所顾忌，畅所欲言。这组诗就社会人生的真伪、祸福、贵贱、贫富、生死诸问题直抒己见，宣泄了对当时朝政的不满和对自身遭遇的愤愤不平。这首诗是其中的第三首，是一首寓意深邃的哲理诗，它以通俗的语言说出了一个深刻的哲理：实践是检验真理性认识的唯一标准。对人、对事要全面认识，切忌带有片面性和表面性，要经过时间的考验和反复细致的观察，透过现象看本质，而不能只根据一时一事的表面现象过早下结论，否则就容易被现象甚至假象所迷惑而不能分清真伪是非。

　　首联提出了有一个方法可以解决"狐疑"，但又没有径直说出这一方法，只是排除了"钻龟"与"祝蓍"二法。决：判定。狐疑：狐性多疑，故称遇事犹豫不决为狐疑。钻龟：古代占卜，在龟壳上钻灼，以裂痕定吉凶。祝蓍（shī）：占卜。蓍：蓍草，古人用它的茎占卜。开头大书"赠君一法"，可谓郑重，强调方法之宝贵。待到读者洗耳恭听，诗人却用否定语将"钻龟"与"祝蓍"二法予以排除，而正确的方法则避而不谈，这就使诗有曲折、有波澜，引发了读者的强烈期待。

颔联从自然景物入手，委婉地介绍这一办法："试玉要烧三日满，辨材须待七年期"。这两句是说：识别玉的真假，要烧它三天；辨别枕木和樟木，要经过七年。要知道事物的真伪优劣，只有让时间去考验。经过一定时间的观察比较，事物的本来面目就会呈现出来。"试玉要烧三日满，辨材须待七年期"，简言之，时间是检验真伪的试金石。这符合辩证唯物主义"实践是检验真理性认识的唯一标准"的哲学道理，进一步说明了用"钻龟"与"祝蓍"来检验事物的真伪是荒唐的。

颈联转入到历史人物，以古比今，进一步说明时间是检验真伪的试金石。周公，即姬旦，周武王弟，成王的叔父。成王年幼为王，周公摄政，管叔等人"流言于国"，说"周公将不利于成王"。周公恐惧，避居于东，不问政事。后成王悔悟，迎回周公，管叔惧而叛变，成王命周公平定了管叔等人的叛乱。最后周公还政于成王，俯首称臣。王莽，字巨君，西汉末辅政大臣。他在夺取政权过程中，为了笼络人心，常表现出谦恭退让，后来竟独揽朝政，篡汉自立，改国号为"新"。在此，诗人掉转笔锋，从反面来说明："周公恐惧流言日，王莽谦恭未篡时。"如果不让时间来说明一切，往往就不能做出准确的判断。对周公和王莽的评价，就是最好的例证。周公在铺佐成王时，某些人曾怀疑他有篡权的野心，但历史证明他对成王一片赤诚，忠心耿耿。王莽在夺位之前，假装谦恭下士，一些人认为他"爵位盖尊，节操愈谦"，但历史证明他的"谦恭"是伪，代汉自立才是其真面目。这进一步告诉我们，真伪邪正，日久当验。但检验真理性认识的社会实践，是一个漫长而复杂的过程，往往不是一两次实践就能完成的。

尾联顺着颈联的意思延伸：如果周公、王莽在真相还没有显现时便死去，他们的德行真伪就可能无人知晓，留下千古难解的疑团。向使：如果，假使。复：又。尾联是全篇的关键句。"决狐疑"的目的是分辨真伪。真伪分清了，"狐疑"自然就没有了。如果过早地下结论，不用时间来考验，就容易为一时的表面现象所蒙蔽，不辨真伪，冤枉好人。这更进一步说明了检验真理性认识的实践是复杂的，提醒人们切不可将检验真理性认识的实践过程简单化。

这首诗的主题是辨伪，虽以议论入诗，但并不枯燥。全诗寓哲理于形象之中，以具体事物来表现普遍规律，小中见大，蕴含着一个深刻的哲理：实践是检验真理性认识的唯一标准。

社
会
解
读

人类社会是物质世界的高级运动形式，其发展同样存在着客观规律。探讨社会存在和社会意识的辩证关系，寻觅社会生活的本质，分析社会的基本矛盾运动，揭示社会历史发展的客观规律，明确社会历史发展的总趋势，懂得社会历史的主体，是正确认识和把握人生、实现人生价值和理想的前提。

南京总统府，位于南京市长江路292号，曾为中国开创共和制国家之见证、中华民国的政治中心。1949年4月，"钟山风雨起苍黄，百万雄师过大江"，中国人民解放军占领总统府，揭开了中国历史新的一页。

# 贺新郎·读史

（一九六四年春）

当代·毛泽东

人猿相揖别。只几个石头磨过，小儿时节。铜铁炉中翻火焰，为问何时猜得？不过几千寒热。人世难逢开口笑，上疆场彼此弯弓月。流遍了，郊原血。

一篇读罢头飞雪，但记得斑斑点点，几行陈迹。五帝三皇神圣事，骗了无涯过客。有多少风流人物？盗跖庄𫏋流誉后，更陈王奋起挥黄钺（yuè）。歌未竟，东方白。

　　毛泽东集革命家、思想家、诗人于一身，以伟大思想家的深邃来拷问历史，以无产阶级革命家的眼光来阅读历史，当然也是以诗人的激情来感受历史。这首词，雄视千秋，纵览万古，充满了诗情画意，展现了毛泽东的历史唯物主义世界观，从人类诞生一直写到社会主义，纵贯几百万年的历史，而着墨仅仅115个字，既概括了人类社会发展史，又批判了历史唯心主义，歌颂了人民革命斗争，的确是气象恢弘，古今罕见。

　　上阕起笔就是"人猿相揖别"，说出了人类刚刚诞生时那惊心动魄的一刻。揖，作揖；揖别，拱手拜别。人类是从古猿演变而来的，人与猿已拱手作别了。这里的"揖别"写得那么形象、轻松、谐趣，但它反映的是人与猿的历史巨变。

接着，人类进入漫长的以石器为代表的原始社会，经历了旧石器时代、中石器时代而到达新石器时代。这几百万年，在诗人眼中不过是磨过的几个石头，仿佛是一个人的成长过程中的儿童时代。一个"磨"字让人顿生漫长而遥远之感，而"小儿时节"让人感到诗人对人类社会发展的把握是那么大气和亲切。

第四至六句，是交待人类社会从石器时代进入了铜器时代和铁器时代。"铜铁炉中翻火焰"，是指青铜器时代和铁器时代。这一句写得既形象又浓缩，它象征着人类随着铜与铁的发现与使用步入了奴隶社会与封建社会。但若要问这一具体时间，却不易猜得确切，不过也就是几千年的春夏秋冬而已嘛！和石器时代经过几百万年不同，青铜器时代和铁器时代只经过几千年，这说明人类的进化越来越快。

"人世难逢开口笑"是化用唐朝杜牧《九日齐山登高》中的"尘世难逢开口笑"一句。此句本意是指人生欢喜少悲伤多，也就是哭多笑少。诗人在这里则化出了新意，注入了革命的含意，其意为：人类过去的历史充满了各种苦难和斗争，因此，人生当然难逢开口笑了。不仅如此，人类还要"上疆场彼此弯弓月"。弯弓月，指战争，这里指革命，即一个阶级推翻另一个阶级的生死存亡的阶级斗争。而革命极为残酷，自然会有牺牲，会有鲜血。因此，诗人喟叹："流遍了，郊原血。"这渲染出革命的残酷性。

作为哲学家的诗人毛泽东，是以辩证唯物主义和历史唯物主义的观点来解读历史的。词的上阕提纲挈领，俯察审视，具有一种"背负青天朝下看"的恢弘气度，形象地勾画出了人类社会从蛮荒

**诗词中的哲学**
SHI CI ZHONG DE ZHE XUE

的原始社会，到奴隶社会，再到封建社会的历史进程。它告诉我们：人类社会历史发展的总趋势是前进的、上升的，发展的过程是曲折的。生产力和生产关系的矛盾，经济基础和上层建筑的矛盾，是贯穿人类社会始终的基本矛盾。生产关系一定要适应生产力状况的规律，上层建筑一定要适应经济基础状况的规律，是在任何社会中都起作用的普遍规律。人类社会发展是在生产力和生产关系、经济基础和上层建筑的矛盾运动中，在社会基本矛盾的不断解决中实现的。

在阶级社会里，社会基本矛盾的解决主要是通过阶级斗争实现的，阶级斗争是推动阶级社会发展的直接动力。当旧的生产关系严重阻碍生产力发展时，只有通过先进阶级反对反动阶级的革命，才能推翻反动阶级的统治，建立新的生产关系，解放生产力，推动社会发展。因此，在阶级社会中，阶级斗争是社会发展的直接动力。在这首词中，对整个社会发展史的描绘，显得特别精练。仅56字，就写出了一部历史，而且是一部惊天动地的历史。这种高度的时间浓缩艺术的奥秘就在这一"揖"、一"磨"、一"翻"、一"猜"、一"弯"五个字之中。

词的下阕用"一篇读罢头飞雪"开头，艺术性地浓缩了诗人一生读史的情形。一篇，统指一部人类历史，特指一部中国历史。头飞雪，头发变白。诗人从少年到老年一直潜心读史，不知不觉一下就满头青丝变成了白发苍苍。这句诗也透露出诗人对人生和历史的感慨，真是人生易老，一刹那间，青春即逝，转眼就是暮年。

那么，对于中国浩瀚的上下五千年的历史，能让人记得些什么呢？诗人仍从一贯的大象着眼，举重若轻，一笔带过。诗人道：仅记得些零星斑点，几行陈年旧事。传说中的"五帝三皇"的神圣伟业，不知骗了多少匆匆过客。其中到底有几个风流人物呢？诗人用的虽是问句，但意思是说：所谓正统史书上所赞誉的风流人物都是伪风流人物。"五帝三皇"，依序应作"三皇五帝"，此按平仄格律改作"五帝三皇"，是中国古代历史传说中号称最贤明的统治者。"但记得斑斑点点，几行陈迹"，是以曲笔来说明史书之记载多不足观，以引起下句。

在诗人的眼中，真正的风流人物是那些被所谓历史斥骂的"强盗"、"流寇"等起义者、造反者，如盗跖、庄蹻、陈胜。这些人揭竿而起，反抗剥削阶级，才是真正的英雄。也就是说，人民群众才是历史上真正的"风流人物"！跖，相传为春秋末期奴隶起义的领袖，被古代统治阶级污蔑为"盗"，后来袭称"盗跖"。庄蹻，相传为战国时期楚国奴隶起义的领袖。陈王，即陈胜，秦末农民起义领袖，他曾进占陈县（今河南淮阳县），建立张楚政权，称王。挥黄钺，挥动饰以黄金的大斧。《史记·周本纪》曾说周武王用黄钺斩商纣。流誉，即美名流传。古籍中言及跖、蹻，一般皆贬词，此谓流誉，是以被历来的统治阶级谩骂为荣的反语。"盗跖庄蹻流誉后，更陈王奋起挥黄钺"，概括了中国几千年历史上被压迫人民的武装斗争。

最后两句，诗人沉浸在吟咏历史的情景中，歌声意犹未尽。当诗人拨开历史的迷雾，剔除伪英雄，找到真英雄之时，不觉已是东方曙色初露。"歌未竟"，寓意社会主义建设事业还没有完成，革命还有很长的路程要走。这就将自己的身份，由一个历史旁观者转变为一个历史的参与者，而且还将继续承担艰巨的历史使命——彻底消灭剥削阶级，结束人吃人的历史。而"东方白"一句，有两层意思：一是指诗人吟咏此诗直到天亮；二是喻指中国革命的胜利，为历史谱写了新篇章，犹如旭日东升，势必光华万丈，以表达诗人对未来充满了坚定的信念。

　　词的下阕对几千年来的人类文明史进行评说。以往历史学家或因时代局限，或因世界观偏见，不可能认识人类社会历史发展的本质，往往以历史唯心主义观点来解读历史，其结果只能是为帝王将相歌功颂德，树碑立传。毛泽东同志运用唯物主义观点批判了这一现象，热情地歌颂历史的真正主人——人民群众。这首词告诉我们一个哲理："人民，只有人民，才是创造历史的动力。"人民群众是历史的创造者，即人民群众是社会物质财富的创造者，是社会精神财富的创造者，是社会变革的决定力量。

　　毛泽东的诗词气势恢弘，内涵深沉，不愧为我国现代诗苑中的一朵奇葩，一道靓丽的风景。

# 西 施

唐·罗隐

家国兴亡自有时，吴人何苦怨西施。

西施若解倾吴国，越国亡来又是谁？

罗隐（833—909），原名横，字昭谏，后因十次考进士十次落第，愤而改名为隐，自号江东生。后入镇海军节度使钱镠幕，迁节度判官、给事中等职。诗多讽刺现实之作，多用口语，一些作品流传于民间。

西施是我国春秋时期的著名美女。吴国攻打越国之时，越王勾践为解会稽之围，将西施献给吴王夫差，她受到了夫差百般宠爱。后吴国被越国所灭，西施的国色天姿便被烙下了深深的政治斑痕，吴国人便将亡国的罪责推到西施头上，诬称她"脸横一寸波，浸破吴王国"（五代杜光庭《咏西施》）。西施惑乱君王，才导致了亡国的结局。这便是影响深远的"女人祸国论"。罗隐的这首绝句，一反传统观点，揭露了"女人祸国论"的荒谬性，较为客观公正地探究了吴越兴亡之由，闪烁出新的思想光辉。

起笔立论，开门见山地提出了自己的观点："家国兴亡自有时，吴人何苦怨西施。"国家的兴亡自有其变化发展的客观规律，吴国人又何苦去怨恨西施呢？这里的"时"，即时运、时势，指导致"家国兴亡"的各种复杂因素。"自有时"表示吴国灭亡自有其深刻的原因，而不应归罪于西施这一弱小女子。这无疑是正确的看法。"何苦"二字，既是对吴人的讽刺，又是对"女人祸国论"者的揶揄，足见诗人的炼字功力。

诗的后两句，就前面提出的观点，巧妙地运用了一个事理上的推论：如果说西施是颠覆吴国的罪魁祸首，那么，越王勾践并不宠幸女色，越国的灭亡又怪罪于谁呢？这两句妙就妙在作者就地取材，以越之"矛"，攻吴之"盾"，尖锐的反诘丝毫不显得剑拔弩张，而由于事实本身具有强大的逻辑力量，显示出了咄咄逼人的雄辩锋芒和不容置疑的气势。

作为一首政论性的咏史诗，诗人以其独到的见解、有力的辩驳、犀利的语言为西施翻历史之案，批驳了"女人祸国论"，且包含着丰富而深邃的哲理，体现了诗人朴素的历史唯物主义观点。

首先，"家国兴亡自有时"，表达了社会历史的变化发展自有其内在的客观规律。诗人在此不仅没有把亡国之罪强加于"红颜祸水"，使历朝历代女子蒙受不白之冤，而且认为封建王朝的兴亡自有其内在的客观规律。当时，李唐王朝已经到处显现灭亡的征兆，此种观点的大胆表露，尤其难能可贵。由于时代的局限，作者虽然未能发现和揭示社会历史发展的决定性因素，但为后人对社会历史发展动因的思索提供了有益的启示。马克思主义哲学第一次实现了唯物主义与辩证法的有机统一、唯物辩证的自然观与唯物辩证的历史观的有机统一，揭示了人类社会发展的客观规律——生产关系一定要适合生产力状况的规律，上层建筑一定要适应经济基础状况的规律，是在任何社会中都起作用的普遍规律。这才是"家国兴亡"的根本原因。马克思主义关于社会发展规律的提出，使人类第一次解开了社会历史领域的"斯芬克斯"之谜，使人类关于社会历史的理论第一次真正成为科学。

其次，在社会历史变化发展的过程中，个人的历史作用是有限的。事物的联系是普遍的，其变化发展的原因是错综复杂的，我们不能抓住一点不及其余，而应当进行全面分析。人是社会历史的主体。社会历史是由人的实践活动构成的，每个人都在一定程度上参与了历史的创造，但人们在历史发展中所起作用的性质和大小是不同的。西施作为历史上著名的美女，在"倾覆吴国"的过程中，确实以其特有的美貌与智慧，产生了重要的影响作用，但这绝不是吴国灭亡的决定性因素。如果忽视社会历史发展的客观规律，仅从个人的作用而言，夸大西施在历史发展过程中的作用，是没有道理的。历史上，帝王出了事，总要找些"替罪羊"来为自己顶罪，许多史书也常常于有意无意间为这些帝王开脱，把亡国的罪过强加到无辜的女子身上。历来咏西施的诗篇多把吴国灭亡的根由归于女色，其实是为封建统治者开脱或减轻罪责。事物变化发展主要在于内因，吴国灭亡的关键在于统治者内部。吴王采取的种种荒唐举措，才是吴国灭亡的主要原因。例如，吴王忘乎所以，放还越王勾践，养虎为患；兴兵中原，与晋国在黄池争霸，劳民伤财；骄奢淫逸，大兴土木，耗损国家元气；任用奸佞之辈，杀害忠良；等等。正如晚唐另一位诗人陆龟蒙所说："吴王事事堪亡国，未必西施胜六宫。"（《吴宫怀古》）因此，"吴人何苦怨西施"的观点是正确的，闪烁着诗人朴素的历史唯物主义思想。

辩证唯物主义认识论告诉我们，认识的根本任务在于透过事物的现象，把握其本质和规律，而不能只停留于对事物表面现象的认识。历来咏西施的诗篇多把吴亡的根由归之于女色，是一种对事物表面现象的片面性认识。诗人通过深入思考，分析吴国灭亡的本质，提出"家国兴亡自有时"，给我们的启示是：要获得真理性认识，必须透过现象看本质。

# 乌衣巷

唐·刘禹锡

朱雀桥边野草花，乌衣巷口夕阳斜。
旧时王谢堂前燕，飞入寻常百姓家。

　　乌衣巷，在金陵（今南京市）秦淮河南，是东吴时期驻守石头城的军营所在地，因营中士卒皆穿黑衣而得名。这首诗是刘禹锡《金陵五题》的第二首，是曾博得白居易"掉头苦吟，叹赏良久"的怀古名篇，它感叹社会历史发展的盛衰兴亡，体现了社会历史由盛入衰的转化规律，给人以哲理性启示。

　　"朱雀桥边野草花，乌衣巷口夕阳斜"，是写寻常之景，描绘六朝繁华的消逝，暗示时代的变迁。朱雀桥横跨南京秦淮河，是由市中心通往乌衣巷的必经之路。这两句诗的意思是：昔日车水马龙的朱雀桥边，现在是野草闲开；过去衣冠来往的乌衣巷口，现在是夕阳残照。一个"野"字，增添了荒凉冷落的情景；一个"斜"字，突出了日薄西山的惨淡、寂寥氛围。"朱雀桥"同"乌衣巷"形成工对，不仅妙语天成、了无痕迹，而且两景相映，均呈现出衰败景象，给人以历史沧桑之感。

　　"旧时王谢堂前燕，飞入寻常百姓家"，继续借助对景物的描绘，出人意料地将视角转向乌衣巷上空正在就巢的飞燕，让人们沿着燕子飞行的方向去辨认，昔日王导、谢安等豪门贵族堂前的燕子，如今飞进了平常百姓人家。"旧时"二字，赋予燕子以历史见证人的身份。"寻常"二字，特别强调了今日乌衣巷的居民是多么不同于往昔。过去，这儿是王谢等豪门贵族的居住地；如今，这里已经变成了普通百姓的住处。诗人抓住燕子作为候鸟喜栖息旧巢的习性，通过燕巢所在堂屋主人的变换，抒发了"人事有代谢，往来成古今"（孟浩然）的深沉感慨。诗人的这种感慨藏而不露，寄寓在景物描写之中，具有一种含蓄美，使人读起来余味无穷。

"旧时王谢堂前燕，飞入寻常百姓家"，诗人在此写出了社会历史由盛到衰的转化，给了我们以历史唯物主义的观点来考察社会历史变迁的契机。后人在引用这两句诗时，赋予了其新的哲理含义：人事的变迁、社会的更替，是社会发展客观规律作用的结果，是任何人都不能与之抗衡的。

辩证唯物主义的历史观揭示了纷繁复杂的社会历史现象背后的动因，指出不是社会意识决定社会存在，而是社会存在决定社会意识。各种各样的社会意识，包括歪曲、虚假的社会意识，无论其主观色彩多么浓厚，也不管它披上何种神秘的外衣，归根到底都是对社会存在的反映。有什么样的社会存在，就有什么样的社会意识，社会存在的变化发展决定着社会意识的变化发展。

生产力和生产关系的矛盾、经济基础和上层建筑的矛盾，是贯穿人类社会始终的基本矛盾。生产关系一定要适应生产力状况的规律，上层建筑一定要适应经济基础状况的规律，是在任何社会中都起作用的普遍规律。这两条规律的存在与作用，才是"旧时王谢堂前燕，飞入寻常百姓家"的真正原因。马克思主义关于社会发展规律的观点，使人类第一次解开了社会历史领域的"斯芬克斯"之谜，使人类关于社会历史的理论第一次真正成为科学。

# 农　家

唐·颜仁郁

夜半呼儿趁晓耕，羸牛无力渐艰行。
时人不识农家苦，将谓田中谷自生。


　　颜仁郁，生卒年不详，字文杰，号品俊，福建泉州人，晚唐诗
人，有诗百篇，以《农家》一诗著名。

　　这首诗的主题是"农家苦"。作者运用推理对比的写作手法，
描写当时农民耕作劳累、生活艰辛，表达了对农民的同情，同时，
讽刺并抨击了"时人"的无知与丑陋。

　　"夜半呼儿趁晓耕，羸牛无力渐艰行。"羸牛：瘦弱的牛。
渐：正。这两句诗的大意是：半夜里就喊起孩子们，趁着天刚破
晓，赶紧到田里去犁地；瘦弱的老牛有气无力，正拉着犁在田里
艰难地走着，越走越慢，累得几乎拖不动犁具了。在通过"呼儿"、
"趁晓"反映农民耕作辛劳之后，第二句没有承上直接描写耕作细
节，而是借"羸牛无力渐艰行"这个典型场景来反衬农民的耕作劳
累，使人如亲历现场，感受真切。

　　"时人不识农家苦，将谓田中谷自生。"时人：指城里那些四
体不勤、五谷不分的人。将谓：以为。这两句诗的大意是：现在，
城里那些四体不勤、五谷不分的人并不知道种田人的辛苦，竟然说
田里的稻谷是自然而然生长而成的。这两句诗不再继续铺陈农耕劳

累的情景，而是将笔锋一转，用反语把"时人"揪出来与农民作强烈对比，辛辣讽刺"时人"之流的无知与丑陋。这两句诗一气呵成，呵斥、嘲讽不留余地，直透纸背，更深一层写透农耕者苦与肉食者鄙！

这首诗不仅形象地描写了农民耕作的艰辛，而且蕴含着人民群众是历史的创造者的哲理。

唯物史观从社会存在决定社会意识、生产方式决定社会发展的基本观点出发，强调社会历史首先是物质生产发展的历史，是人民群众创造的历史。

人民群众是社会物质财富的创造者。广大劳动群众作为物质生产的承担者和社会生产力的体现者，创造了人们吃、穿、住、用、行等必需的生活资料。物质资料的生产是社会存在和发展的基础。从事物质资料生产、推动物质生产发展的人民群众，是推动社会历史发展的决定力量。俗话说："一年之计在于春。"为抢得大好春光，农家老少起早贪黑、驱赶羸弱疲惫的老牛下田耕种。而那些达官贵人、纨绔子弟不识农事，居然认为一日三餐吃的稻谷是田地中自然生长的，而不是农民辛勤播种的，真是愚蠢透顶，荒唐至极！"时人不识农家苦"，看似平平，实质上正是对剥削阶级轻视劳动人民、否定人民群众是历史的创造者的抨击。

# 沁园春·雪

（一九三六年二月）

### 当代·毛泽东

北国风光，千里冰封，万里雪飘。望长城内外，惟余莽莽；大河上下，顿失滔滔。山舞银蛇，原驰蜡象，欲与天公试比高。须晴日，看红装素裹，分外妖娆。

江山如此多娇，引无数英雄竞折腰。惜秦皇汉武，略输文采；唐宗宋祖，稍逊风骚。一代天骄，成吉思汗，只识弯弓射大雕。俱往矣，数风流人物，还看今朝。

毛泽东的《沁园春·雪》是古今咏雪诗词之绝唱，人们盛赞这首词"风调独绝，文情并茂，而气魄之大乃不可及"。

1936年，中国工农红军已经完成万里长征到达陕北。在陕北清涧县袁家沟，毛泽东于一场大雪之后攀登到海拔千米、白雪覆盖的塬上视察地形，欣赏"北国风光"，过后写下了这首词。

这首词是写景抒怀之作，描写了雄伟、妖娆的北国雪景，纵论了历史上的英雄人物，抒发了诗人对祖国壮丽山河的热爱之情，表达了诗人作为无产阶级革命家的伟大抱负和坚定信心。

上阕大笔挥洒，描写北国壮丽的雪景，纵横千万里，展示了大气磅礴、旷达豪迈的意境，抒发了对祖国壮丽河山的热爱。

"北国风光，千里冰封，万里雪飘"，开篇高唱而入，起笔不凡，总写北国雪景，把读者引入一个冰天雪地、广袤无垠的银色世界。"千里"、"万里"，承"北国"两字，地下天上交错展开，极写范围广深；"冰封"、"雪飘"承"风光"两字，一静一动互相映衬，勾画严冬的威猛雄奇。寥寥12个字，构成了一幅天地茫茫、纯然一色、包容一切的画面，为下文的展开描写提供了巨大的艺术空间。

从"望长城内外"至"欲与天公试比高"，具体实写雪飘、冰封的景色。这里的"望"字统领下文，展现了长城、黄河、山脉、高原这些最能反映北国风貌的雄伟景观，进一步抒发豪迈、激昂的情怀。你看：南北纵横，"长城内外，惟余莽莽"，一片茫茫无边的积雪，呼应"万里雪飘"；东西环顾，"大河上下，顿失滔滔"，一派寒威凛凛的坚冰，回应"千里冰封"；上下远眺，"山舞银蛇，原驰蜡象，欲与天公试比高"，群山、高原是那么生气勃勃，充满活力，好像正"舞"向云霄，"驰"向天际，要跟天公一比高下！这七句大笔如椽，写尽了南北、东西、上下、内外，笔力千钧，点染了中华民族千古文明的历史纵深感。

从"须晴日"至"分外妖娆"，运用拟人化的手法，虚写雪后晴日当空的景象，翻出一派新的气象。在冰雪茫茫的浩大画卷上，想象雪霁天晴之时，红艳艳的阳光照耀着白雪覆盖的祖国山河，犹如一个红装素裹的少女，更加绚丽多彩、娇媚动人、"分外妖娆"，赞美之情溢于言表。

下阕议论抒情；重点评论历史人物，歌颂当代英雄，抒发无产阶级要做世界的真正主人的豪情壮志。

"江山如此多娇，引无数英雄竞折腰"，承上启下。首句承上，对"北国风光"作总评；次句启下，展开对历代英雄的评论，抒发诗人的抱负。这一过渡使全词浑然一体，给人严丝合缝、完整无隙的感受。祖国的山河如此美好，难怪引得古今许多英雄人物为之倾倒，争着为它的统一和强大而奋斗。一个"竞"字，写出英雄之间激烈的争斗，写出一代代英雄的相继崛起。"折腰"的形象，展示了每位英雄人物为之倾倒的姿态，并揭示了为之奋斗的动机。

从"惜秦皇汉武"至"只识弯弓射大雕"，评论历代雄才大略的帝王。以"惜"字总领七个句子，展开对历代英雄人物的评论。诗人于历代帝王中举出秦始皇、汉武帝、唐太宗、宋太祖、成吉思汗五位具有代表性的人物，展开一幅幅历史画卷，使评论得以具体形象地展开。一个"惜"字，定下对历代英雄人物的评论基调，饱含惋惜之情而又有批判。评说措词极有分寸，"略输"、"稍逊"、"只识"，以委婉含蓄的笔调和诙谐的语气，运用历史唯物主义观客观地评价了历史人物的短长，反衬现实的"风流人物"。

从"俱往矣"至"还看今朝"，歌颂人民群众，抒发宏伟抱负。"俱往矣"三字，将中国封建社会的历史一笔带过，转向诗人所处的当今时代，点出全词"数风流人物，还看今朝"的主题。历代英雄人物统统被滚滚的历史洪流席卷而去，只有今天在中国共产党领导下的人民群众，才是真正的英雄，才能创造出崭新的历史，迎来"分外妖娆"的明天。这是诗人的神光所聚，也是全词最警策的地方，意义深长，耐人寻味。

历史唯物主义认为，人民群众是社会历史的主体。是主张人民群众创造历史，还是认为英雄豪杰创造历史，这是历史唯物主义和历史唯心主义的一个根本分歧。唯物主义历史观认为，社会历史是由人民群众的实践活动构成的，每个人都在一定程度上参与了历史的创造，但人们在历史发展中所起作用的性质和大小不同。人民群众是历史的创造者，是社会物质财富和精神财富的创造者，是社会变革的决定力量。少数英雄人物是一定历史时期的产物，只有反映了时代发展的要求，依靠人民群众，才能在社会变革中产生重大影响。因此，不是英雄造时势，而是时势造英雄。秦皇汉武、唐宗宋祖、成吉思汗等在历史上显赫一时的英杰，曾顺应历史发展趋势，完成了统一的大业或凭着武力使远近慑服，对中国历史的发展或多或少起过积极作用。然而，这些英雄"略输文采"、"稍逊风骚"、"只识弯弓射大雕"，不擅"文治"，在政治、思想、文化方面建树不多，个人的才华也有欠缺。当然，我们不必苛求前人，他们的不足，从根本上说是时代和阶级的局限所造成的。这就是唯物主义的历史观。

唯心主义历史观主张英雄创造历史，竭力夸大少数英雄人物的作用，贬低、抹杀人民群众创造历史的伟大作用。如果认为"英雄造时势"，就是片面夸大少数英雄人物在历史上的作用，是历史唯心主义的英雄观。毛泽东在此批评的正是这种唯心主义历史观。

这首词熔写景、议论和抒情于一炉，意境壮美，气势恢宏，感情奔放，胸襟豪迈，颇能代表毛泽东诗词的豪放风格，是我国诗词宝库中一颗璀璨夺目的明珠。

# 阿房宫

唐·胡曾

新建阿房壁未干，沛公兵已入长安。

帝王苦竭生灵力，大业沙崩固不难。

　　胡曾，生卒年不详（877年前后在世），唐代诗人。邵阳（今属湖南）人，一说为长沙人。初累举不第，咸通中，始中进士。尝为汉南节度从事。高骈镇蜀，辟为书记。曾居军幕，每览古今兴废陈迹，慷慨怀古，作有《咏史诗》三卷，共150首，皆七绝。其诗通俗明快，托古讽今，褒贬明确，意存劝诫，晚唐、五代时颇为盛行。

　　阿房宫，秦宫名，遗址在今陕西省西安市西南。秦始皇统一中国，认为首都咸阳的宫殿太小，便大兴土木，于公元前212年，发徙卒70余万人，在渭水南面营造阿房宫。由于工程浩大，秦始皇在位时只建了一座前殿。据《史记·秦始皇本纪》记载："前殿阿房东西五百步，南北五十丈，上可以坐万人，下可以建五丈旗。"其规模之大，劳民伤财之巨，可以想见。工程未完成秦始皇便死了。秦二世胡亥继续修建阿房宫，但宫未建成，秦国灭亡。最新考古资料证明，西楚霸王项羽攻入咸阳，移恨于物，将阿房宫及所有附属建筑纵火焚烧的传说，属于历史误传。

这是一首借秦始皇奢侈亡国的事实而作的咏史诗，语言浅显，通俗易懂，说明统治者如果不惜民力，就会致使"大业沙崩"。

对于秦亡的原因，历史上不乏真知灼见。有人认为秦亡在穷兵黩武，"仁义不施，攻守之势异也"（贾谊《过秦论》）；有人认为秦亡的根本原因在于秦始皇荒淫奢侈，劳民伤财（杜牧《阿房宫赋》）。其实，秦亡的原因是复杂的，是经济、政治、文化、军事等多重因素作用的结果。作者并不是全面细致地分析秦亡的原因，而是运用诗的语言，借助历史事件，"新建阿房壁未干，沛公兵已入长安"，提出了自己的观点："帝王苦竭生灵力，大业沙崩固不难。"刘邦大军之所以能攻入长安，根本原因在于"帝王苦竭生灵力"，造成了国力衰弱。这一结论蕴含着历史唯物主义关于"人民群众是社会历史的主体"的思想。

唯物史观从社会存在决定社会意识、生产方式决定社会发展的基本观点出发，强调社会历史是人民群众创造的历史。

人民群众不仅是社会物质财富和社会精神财富的创造者，而且是社会变革的决定力量。人民群众在任何时期都是社会变革的主力军。在阶级社会中，生产关系的变革，社会制度的更迭，都是通过人民群众的革命实现的。人民群众通过推动生产力的发展而不断创造和改变社会关系，从而不断推动社会历史的进步和发展。秦始皇不惜民力，大兴土木修筑宫殿、陵墓和长城。这些工程，劳民伤财，直接带来的是沉重的徭役赋税，从而导致民不聊生，人心背离，民心尽失，其结果是秦始皇所建立的"大业"像"沙崩"一样。

人民群众是真正的英雄，是社会历史的创造者。古往今来，无数次政权更迭、改朝换代，都反复向人们揭示了这样一条永恒的真理："得民心者得天下，失民心者失天下。"在今天中国特色社会主义建设的历史新时期，顺应民意、体察民情、关注民生仍然是中国共产党执政的根本所在。一个政党要"得天下"，首先就必须"得民心"。因此，坚持立党为公，执政为民，权为民所用，情为民所系，利为民所谋，实现好、维护好、发展好最广大人民的根本利益，是我们一切工作的根本出发点。

# 人本探微

人生应当具有价值和意义，寻找正确的价值观就是寻找人生的真谛。我们要树立正确的人生观和价值观，了解价值观的驱动、制约和导向作用，明确价值判断和价值选择的标准，把握价值实现的正确途径，在劳动和奉献中创造价值，在个人与社会的统一中实现价值，在砥砺自我中走向成功。

位于深南中路、深圳市委大院门前的"孺子牛"（亦称为"拓荒牛"）雕像，已成为深圳这座城市的精神象征。"孺子牛"奋蹄开拓，象征着深圳人"解放思想，改革创新"的精神，同时，它时刻在默默提醒每一位人民公仆，永远要"俯首甘为孺子牛"，全心全意为人民服务，做人民大众的"牛"。

# 古瓦砚

宋·欧阳修

砖瓦贱微物，得厕笔墨间。

於物用有宜，不计丑与妍。

金非不为宝，玉岂不为坚。

用之以发墨，不及瓦砾顽。

乃知物虽贱，当用价难攀。

岂惟瓦砾尔，用人从古难。

欧阳修（1007—1072），字永叔，号醉翁，晚年又号六一居士，吉州吉水（今属江西）人。北宋政治家、文学家，"唐宋八大家"之一。宋仁宗天圣八年（1030）进士，累擢知制诰、翰林学士。英宗时，官至枢密副使、参知政事。神宗朝，迁兵部尚书，以太子少师致仕。卒谥文忠。作为一代文宗，他博学多才，创作实绩亦灿然可观，诗、词、散文均为一时之冠，为当时和后世所钦仰。

这是一首明白如话的咏物诗，以《古瓦砚》为题，是以物取譬，借物阐理，表明事物是矛盾的存在，我们要全面地看问题，使物尽其用，人尽其才。

"砖瓦贱微物，得厕笔墨间。於物用有宜，不计丑与妍。""厕"，夹杂在里面；参与。"得厕"，是可以跻身其间的意思。

"宜"，是适宜的意思。"妍"，是美丽、美好的意思。这四句诗
的大意是：砖瓦虽是低贱、微小之物，但用来制成文房四宝之一的
砚台，就可以跻身于笔墨这些高贵物品之间。因而一个物品的价值
关键要看它是否用得适宜、恰到好处，不能只是计较它的外表是丑
还是美。

"金非不为宝，玉岂不为坚。用之以发墨，不及瓦砾（lì）顽。"
"发墨"，研墨，磨墨，砚石研墨易浓且快，故曰"发墨"。"瓦
砾"，破碎的砖瓦。这四句诗的大意是：黄金、玉石都是人类的宝
藏。黄金不是很宝贵吗？玉石不是很坚实吗？但是若用黄金、玉石
制成砚，用来发墨，它们还不及普通的用土烧制的瓦砾呢！显然，
这里蕴含着深刻的哲理。

"乃知物虽贱，当用价难攀。岂惟瓦砾尔，用人从古难。"这
就是说，一个物品虽然微贱，但当人们需要用它时，其价值是难以
估算的。高贵的东西有自己的短处，低贱的东西未必全无用处，甚
至具有高贵之物不及的地方。微不足道的瓦砚在发墨方面的价值和
作用，就是金玉也难以比拟。这种情况岂止瓦砾一物，推而广之，
自古以来，用人选才何尝不是如此？此诗表面是咏物，实际上是借
物阐理，抒发诗人对自古以来人才难以量材而用的感慨。

此诗为咏物诗，不仅写其物态，寓其情志，且以求真的科学态
度探究其物理，借物阐理，思致深刻。诗人曾感叹说："我思天地
何茫茫，百物巨细理莫详。"（《鬼车》）可见，诗人是注重以诗
言理的。法国诗人波德莱尔曾说："诗在本质上是哲理……它之为
哲理，并非有意为之。"哲理是事物本身固有的基因，关键在于你
能否以诗的智慧去发现它，并做到"非有意为之"。这首诗以议论
见长，但诗意浓郁，含蓄有味，富有"非有意为之"的哲理。

世界上的一切事物都包含着既相互对立又相互统一的两个方

面。矛盾存在于一切事物中，并且贯穿于每一事物发展的始终。我们要坚持矛盾分析法，全面分析事物，正确认识到任何一个事物和人都既有所长，也有所短。"物无弃物，人无弃人"，关键在于要"物尽其用，人尽其才"。在用人的问题上，管理学上有一条著名的定理："没有平庸的人，只有平庸的管理。"我们一定要知人善任，扬长避短，实现人力资源的有效利用。猛虎就要放归山林，蛟龙就要畅游江海，以达到猛虎咆哮山林、蛟龙翻江倒海的效果。否则，就会留下虎落平阳、龙搁浅滩的遗憾。

人们的生活离不开有价值的事物。哲学意义上的价值是指一事物对主体的积极意义，即一事物所具有的能够满足主体需要的属性和功能，即客观事物对人们的有用性。有用的程度越高，价值就越大；反之，价值就越小。它涵盖了各个不同领域事物的价值，具有高度的概括性和普遍性。

人的需要是具体而复杂的，不仅表现为多方面、多层次的需要，而且处于不断变化发展之中。在日常生活中，不同的东西具有不同的价值。某种物品对于人的意义和价值的大小，又是有条件的、可变的。如诗中所说，如果用来"发墨"，瓦砚的价值是金玉之贵也无法取代的。

人的价值就在于创造价值，就在于对社会的责任和贡献，即通过自己的活动满足自己所属的社会、他人以及自己的需要。一个人对社会有没有价值，或价值的大小，也是多方面、多层次的，无论在社会生活中处于何种地位，作为社会的公民，都能够从某一特定的方面为国家、为社会作出贡献，满足社会的需要，因而都可以实现自己的人生价值。

# 观祈雨

唐·李约

桑条无叶土生烟，箫管迎龙水庙前。
朱门几处看歌舞，犹恐春阴咽管弦。

李约（751—810），字存博，自称萧斋，陇西成纪（今甘肃省天水县）人，曾任兵部员外郎，后弃官归隐。其诗语言朴实，感情沉郁，今存10首，其中尤以《观祈雨》为最善。

这首诗写观看祈雨的感慨，将水庙前久旱祈雨与朱门内歌舞升平相对照，深刻揭露了统治阶级不顾劳动人民疾苦，终年贪图享乐、醉生梦死的社会现实，耐人寻味。

"桑条无叶土生烟，箫管迎龙水庙前。"这两句写旱情和求雨。"桑条无叶"，人们无法以之养蚕；"土生烟"，庄稼无法生长。树上无叶，只能见"条"；庄稼枯死，便只能见"土"。对旱象的描写，可谓形象、真切。"箫管"，泛指各种乐器。"水庙"，即龙王庙。"箫管迎龙"是写龙王庙前求神降雨的场面。这两句诗的大意是：春旱无雨，桑条无叶，禾苗枯死，连土地也焦灼得在冒烟；百姓不得不强颜欢笑，在龙王庙前吹箫奏乐，祈求龙王普降甘霖。

"朱门几处看歌舞,犹恐春阴咽管弦。""朱门",指富豪权贵之家。"几处",多少处,犹言处处。"咽",低沉,凝塞。这两句诗的大意是:达官贵人在家里正兴致勃勃地听歌赏舞;他们惟恐"春阴"使丝弦受潮,演奏声音哑咽而败了兴致。前两句实写"观祈雨"的场面,后两句则抒发"观祈雨"的感想。诗人巧妙地将两个场景连在一起,通过大旱之日两种不同生活场面、不同思想感情的对比,深刻揭露了封建社会尖锐的阶级矛盾,表达了作者对百姓苦难的深刻同情和对富豪权贵腐朽生活的辛辣讽刺,可谓神来之笔。这与"朱门酒肉臭,路有冻死骨"(杜甫《自京赴奉先县咏怀五百字》)、"农夫心内如汤煮,公子王孙把扇摇"(施耐庵《水浒传》)可谓异曲同工。

这首诗紧扣祈雨行文,运用对比,在强烈的反差中寄寓深情,写得含蓄委婉,却发人深省。

物质决定意识,意识具有能动作用。意识是人脑对客观事物的反映,意识能够正确反映客观事物,但并不是每个人对同一事物的反映都是一样的。由于阶级立场不同,价值观、人生观、知识构成和思维方式的不同,人们对同一客观事物的认识,往往会得出不同的结论。这就是所谓"仁者见仁,智者见智"。在这首诗中,龙王庙前,平民百姓"箫管迎龙",是为了生存;豪门大宅内,达官贵人则"犹恐春阴",是为了享乐。平民百姓与达官贵人正是因利益与立足点不同,才观点各异。

从事各种实践活动,同各种事物打交道,要不断进行判断和选择。既要对事物的客观状况及其本质属性、发展规律作出判断,又要进一步对事物能否满足主体的需要以及满足的程度作出判断。人们的价值选择是在价值判断的基础上作出的。

人们的社会地位、需要不同,价值判断和价值选择也就不同。

在阶级社会中，价值判断和价值选择具有阶级性。在这首诗中，诗人所描绘的前后两种场面，形成一组鲜明的对照。一方是"箫管迎龙"，另一方却"犹恐春阴"；一方是殷忧与不幸，另一方却是荒嬉与闲愁。可见，在阶级社会中，面对同一事物或行为，不同阶级和阶层的人，由于阶级立场和利益立足点不同，会做出不同的甚至截然相反的价值判断和价值选择。

在社会主义社会里，我们想问题、办事情，首先必须自觉站在最广大人民的立场上，把人民群众的利益作为最高的价值标准，牢固树立为人民服务的思想，把献身人民的事业、维护人民的利益作为自己最高的价值追求。只有这样，才能保证我们价值判断和价值选择的正确性。

# 角　度

现代·周梦蝶

战士说，为了防卫和攻击
诗人说，为了美
你看，那水牛头上的双角
便这般庄严而娉婷地诞生了

　　周梦蝶（1921—2014），原名周起述，河南淅川人，1949年去台湾。台湾现代派诗人。为了生计，他摆过书摊，看管过茶庄，甚至还当过守墓人。其诗具有浓厚的宗教情怀，同时闪烁着东方古典的睿智与玄妙。有人称他是"一位以哲思凝铸悲苦的诗人"。著有《孤独园》《还魂草》等诗集。

　　《角度》是一首耐人品味的小诗，包含着深刻的哲学意义，能益人心智。

　　物质决定意识，意识是客观对象在人脑中的反映。但是，不同的人，对同一事物往往会有不同的认识和评价。这首小诗的标题揭示了诗的主旨：不同的人，因为立场、角度不同，对同一事物会产生不同的看法。水牛头上的双角，庄严而娉婷，威武而有美感。它的锋锐劲挺，能作为防卫和攻击的战斗武器；它的曲线弧度，又能成为审美欣赏的对象。水牛的双角，具备双重的功用和价值。

战士从战斗的角度，赞赏它的锋锐劲挺，强调它的武器功用，说它是"为了防卫和攻击"而生；诗人从审美的角度，欣赏它的曲线优美，强调它的美感价值，说它是"为了美"而生。于是，水牛的双角"便这般庄严而娉婷地诞生了"。"庄严"，形容威武不容侵犯；"娉婷"，形容姿态的美好。立场不同，角度有异，所见自是各别。因此，我们要有包容与尊重不同角度的雅量，应看到世界本来是多元的，人的认识也应是多维的。

物质是不依赖于人的意识又能为人的意识所反映的客观实在。物质的运动是有规律的，是不以人的主观意志为转移的。水牛的双角，并不因为战士和诗人的赞美和欣赏，按照他们各执一词的意愿而生出；它生于自然，是自然进化的结果，且循其规律，只管客观地呈示着"庄严"与"娉婷"的有机统一，让不同立场的人从不同的角度去任加评说，并不因为人们不同的评说而改变自己。

事物的矛盾具有普遍性，我们要坚持矛盾分析法，辩证地全面地看问题。"庄严而娉婷"，形象地说出了水牛双角既是战斗的武器，又具审美价值的双重作用。战士和诗人偏执于各自的立场和角度，说的虽然都有道理，但他们都不能超越自身的局限去辩证地全面地看问题。因此，我们要正确认识事物，就必须坚持全面的观点，用对立统一的观点看问题，反对片面地看问题。

# 蜂

唐·罗隐

不论平地与山尖，无限风光尽被占。

采得百花成蜜后，为谁辛苦为谁甜？

　　在中国古典诗词中，像《蜂》这样赞美劳动和奉献的并不乏见。张俞有《蚕妇》："昨夜入城市，归来泪满襟。遍身罗绮者，不是养蚕人。"梅尧臣有《陶者》："掏尽门前土，屋上无片瓦。十指不沾泥，鳞鳞居大厦。"然而，罗隐的这首诗却别出新意。

　　这是一首咏物诗，既赞美了那些终日辛劳、为社会创造财富的人，又讽刺了那些不耕而食、不织而衣、不劳而获的人。

　　"不论平地与山尖，无限风光尽被占"：无论是平地还是山尖，凡是鲜花盛开的地方，都被蜜蜂占领。这里作者运用极度的副词、形容词——"不论"、"无限"、"尽"和无条件句式，极称蜜蜂"风光尽被占"，似与题旨矛盾。其实这只是欲夺故予的手法，是为后两句作势。

　　"采得百花成蜜后，为谁辛苦为谁甜？"这两句是以反诘的方式道出主旨。蜜蜂采尽百花酿成蜜后，到头来又是在为谁忙碌，为谁酿造醇香的蜂蜜呢？诗中的"蜂"象征着封建社会中千千万万的成年累月辛勤工作的劳苦大众，他们祖祖辈辈的劳动成果到头来都被统治者掠夺去了。结句运用反问式，既暗示了劳动者劳而无获和剥削者不劳而获，又表露了诗人对劳动人民的同情和对剥削者的不满与痛恨，使诗的寓意深刻、有力。

这是一首咏物诗，因它类似寓言，亦可称为寓言诗。对于它的寓意，历来众说纷纭，莫衷一是。有人认为，它是讽刺世人劳心于利禄，贪得无厌，最后两脚一蹬，什么也带不走，搜刮一世只能让他人享用。有人认为，它是借蜜蜂歌颂辛勤的劳动者，对不劳而获坐享"甜蜜"的剥削者加以讽刺。其实，寓言本是借形象达意的，而文学作品的形象往往大于思想，特别是寓言诗，不同的读者常常会对作者所寄托的思想作出不同的理解。另外，"寓言"的寓意并非一成不变，古老"寓言"的寓意也会与时俱进。随着时代的发展，人们的价值观及价值取向日趋多元化，对同一首诗，完全可以从不同角度进行解读。现在，随着时代的前进，"劳动和奉献是幸福的"已经成为普遍观念，"蜂"越来越成为一种美德的象征，人们自然就作出了合乎新时代的解读：借蜜蜂歌颂辛勤的劳动者，讽刺不劳而获的剥削者。这种解读合乎文本，而非臆断，是合理的。

这首诗语句简练，结尾一句令人回味无穷，赞美了蜜蜂辛勤劳动的高尚品格，揭示了劳动人民高尚的奉献精神，告诉我们一个深刻的哲理：要在劳动和奉献中创造人生价值。

劳动着的人是幸福的。人只有在劳动中，才能创造价值。一个人在劳动中创造的财富越多，意味着他为满足社会和人民的需要所作出的贡献就越大，其自身的价值就越大，幸福感也就越强。因此，我们要热爱劳动，热爱劳动人民。

努力奉献的人是幸福的。走不出自我的狭隘天地的人，不想为他人和社会奉献的人，永远不可能拥有真正的幸福。爱我们的家人，爱我们的朋友，爱我们的事业，爱我们的祖国，积极投身于为人民服务的实践，是实现人生价值的必由之路，也是拥有幸福人生的根本途径。

在我们的生活中，许多人不正是像"蜂"一样为社会创造着价值，从而体现着自己的价值吗？请看：农民劳动，为社会提供丰富的农副产品；工人和技术人员做工，为社会创造各种生产工具和生活用品；科研人员进行科学考察和研究，将科技成果转化为生产力；作家、艺术家创作优秀的艺术作品，给人以美的精神享受……

愿我们像"蜂"一样勤奋劳作，像"蜂"一样无私奉献！

# 紫骝马歌

汉·无名氏

独柯不成树，独树不成林。
念娘锦裲裆，恒长不忘心。

紫骝马，是古代的骏马名，多为征夫所骑。这是一首汉代乐府民歌，是一首描写征夫思妇的抒情诗。

"独柯不成树，独树不成林"，是似譬非譬的起兴，本意在于烘托征夫的孤独感。柯，是树枝的意思。一根树枝成不了树，一棵树成不了森林。这是从群体中离析出一个部分的个体，这个个体离开群体而独立，犹如征夫离家远行。这两句诗的焦点在于"独"字，是以征夫的孤独感，引出下面描写两地相思，"恒长不忘心"。

"念娘锦裲裆，恒长不忘心"，是描写两地相思的情怀。娘，在古代是对年轻女子的通称，这里指征夫之妇；念娘，是指在外征夫思念妻子。锦，即锦缎。裲裆（liǎng dāng），又作"两当"，是形似背心的铠甲；锦裲裆，是锦缎制成的裲裆。古时女子多穿锦裲裆，形似坎肩，前幅当胸，后幅当背，都护住心脏，故以"锦裲裆"双关"恒长不忘心"。这两句诗是说：征夫思妇心切，想象自己的妻子独守闺房，穿着锦裲裆，坐在那里长吁短叹，盼望丈夫早日归来，以便夫妇团聚。"恒长不忘心"，既写征夫，也写思妇，是表示两人虽相隔遥远，但彼此相爱，心心相印，谁也不会变心，即所谓"两地相思，一种情怀"。

在这首诗中，"独柯不成树，独树不成林"，作为比兴，主要是烘托感情，并没有多少哲理意味。随着时代的变化发展，人们在理解和引用这两句诗时，便赋予了其新的哲理，常被用来比喻单个力量势单力薄，成就不了大事业。也就是说，个人的力量是有限的，要想成就伟大的事业，必须善于团结协作，发挥群体的智慧和力量。这就是"众人拾柴火焰高""团结就是力量"的道理。

一根树枝成不了树木，一棵树成不了森林。今天的读者正凭借这种物理关系，用来比喻个人与集体、个人与社会的关系，说明个人离不开集体，个人离不开社会，我们要在个人与社会的统一中来实现人生价值。

每个人都生活于一定形态的社会当中，每天都在接触它，并且是其中的一员。马克思在《关于费尔巴哈的提纲》一书中指出："人的本质并不是单个人所固有的抽象物。在其现实性上，它是一切社会关系的总和。"个人与社会总是息息相关、互相影响、互相制约。人生的过程就是在现实生活的基础上不断解决个人与社会关系的实践过程。生命的意义就是在这二者关系中显示的。

社会提供的客观条件是人们实现人生价值的基础。人的生存条件和享受条件、发展条件都是由社会提供的。人在实践活动中实现自己价值的时候，必须利用社会和他人提供的各种物质条件和知识成果。完全脱离社会的"个人奋斗"和"自我实现"，实际上是不可能的。人的价值，只能在社会中实现。"独柯不成树，独树不成林""大家好，才是真的好"，只有正确处理个人与集体、个人与社会的关系，才能在奉献中实现自己的价值。

我们强调人生价值的实现需要一定的客观条件，并没有否定人的主观能动性。客观条件只为个人实现自己的人生价值提供了可能性，要把这种可能性变为现实，关键在于个人的主观努力，创造良好的主观条件。

我们强调在与社会的统一中实现个人的价值，并不否认追求人的个性发展。但是，这种个性不应表现为人的怪异和陋习，而应表现为对他人、对社会的独特的贡献方式。我们每个人都可以为社会作出贡献。

胡适在《新青年》上曾发表一篇短文《不朽》。他说："现在的'小我'，对于那永远不朽的'大我'的无穷过去，须负重大的责任；对于那永远不朽的'大我'的无穷未来，也须负重大的责任。……应该如何努力利用现在的'小我'，方才可以不辜负了那'大我'的无穷过去，方才可以不贻害'大我'的无穷未来。"这里的"小我"与"大我"的关系，如同"柯"与"树"、"树"与"林"的关系一样，也就是个人与社会的关系。

"独柯不成树，独树不成林。"让我们在个人与社会的统一中实现人生价值！

# 旧梦之群（三十六）

现代·刘大白

少年是艺术的，

一件一件地创作；

壮年是工程的，

一座一座地建筑；

老年是历史的，

一叶一叶地翻阅。

　　刘大白（1880—1932），原名金庆棪，后改姓刘，名靖裔，字大白，别号白屋，浙江绍兴人。民国初年东渡日本避难，加入同盟会。回国后，曾任复旦大学和上海大学教授、浙江省教育厅秘书、浙江大学秘书长、国民党政府教育部常任次长。"五四"运动前就开始写白话诗，是新诗的倡导者之一。著有《旧梦》、《邮吻》等新诗集。20世纪30年代初与鲁迅、郭沫若、郁达夫并称"诗词四大家"，自称是"由旧入新的过渡时代的诗人"。

　　这是一首人生格言诗，三个不同的比喻构成整齐匀称的三个排比，描绘出了人生三个不同年龄阶段的旋律，道尽了人生的真谛。这首小诗可谓情怀高洁，志趣高远，哲思隽永，表达别致。

　　青春年少，多梦时节，本身就像一首唱不完的歌。对少年来说，刚刚踏上人生旅途，阅历不广，经验不丰，人生基本上还是一片空白，每做一件事都是一次新鲜的尝试，就像从事艺术创作一样，要早立大志，追求理想，敢想敢干，一次次草绘人生的蓝图，"一件一件地创作"！

人到壮年，理想色彩渐退，务实精神大增。壮年时不再编织青春期的五彩梦幻，转而注重现实的目标，并用踏实、勤奋的劳作和拼搏，去一件一件地实现自己的目标。这就像建筑工程一样，一砖一石地构筑起一座一座人生的大厦。壮年的意义，就在不断地建筑之中。没有壮年建筑的辛勤劳作和拼搏，就不会有老年时悠闲地"一叶一叶地翻阅"历史。可见，壮年"一座一座地建筑"，是何等重要！

人到老年，既乏少年人的热情憧憬，又无壮年人的经营心力，只有回首往事，审视人生旅程，追忆喜怒哀乐，回味甜酸苦辣，反思胜败荣辱，宁静淡泊地生活。"一叶一叶地翻阅"历史时，应当为少年的壮志、中年的拼搏而欣喜，涌起的是一种人生无悔的情感。"当他回首往事的时候，不因虚度年华而悔恨，也不因碌碌无为而羞愧。"（奥斯特洛夫斯基《钢铁是怎样炼成的》）

这是一首精警洗练的小诗，道尽了人生的真谛。也许，诗人的原意只是抒写一种人生体验，怡然自得于紧张奋斗后的宁静淡泊。我们不妨把它理解为人生格言，言人生各个阶段当如是行：少年应早立宏志，草绘人生蓝图；壮年应务实劳作，实现自我价值；晚年应检阅人生，宁静淡泊地生活。

人生是短暂的，我们确实无法知道生命何时走完，但这无关紧要，重要的是每个人怎么去书写自己的人生历史。有价值的人生是永恒的。我们应以乐观、积极的态度面向人生，紧紧抓住人生的"三天"，不忘昨天，奋斗今天，创造明天，铸就无愧于时代的辉煌。

同样，冰心的《繁星》（三十六），以植物发芽—开花—结果为象征，在对自然界的礼赞中贴切而巧妙地喻示了人生的不同阶段"应该"怎样，也能给我们以美的感受和心灵的启迪。现拷贝如下：

嫩绿的芽儿

和青年说：

"发展你自己！"

淡白的花儿

和青年说：

"贡献你自己！"

深红的果儿

和青年说：

"牺牲你自己！"